「PrePoMax」ではじめる 実践 構造解析

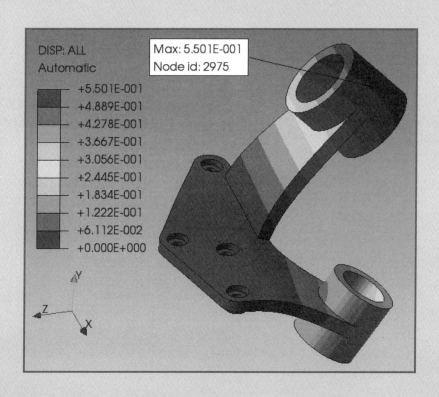

はじめに

　これまで、「オープンソース」による「CAE」※ (コンピュータによるものづくり支援システム)の研究開発を進めてきて、「解析機能」や「計算性能」については「商用CAEツール」に迫るものがあると思います。

※　Computer Aided Engineering (コンピュータによる構造解析などの数値解析技術)

　ところが、「使い易さ」に関しては、残念ながら充分とは言えないとよく指摘を受けました。

　本書で紹介する「PrePoMax」(プリポマックス)は、「構造解析」を行うソルバーに「CalculiX」というオープンCAEで評価の高い定番のツールを組み込み、「Windows専用ツール」とすることで、「商用CAE」に匹敵する、非常に使い易い操作を実現しています。

　これまでの「オープンCAE」による「構造解析」が難しいと感じる方でも、「PrePoMax」ならば、誰でも簡単に使いこなして、下図に示すような解析結果を得ることができます。

　そこで本書では、難しい「構造解析」の理論は省略して、"実践的な解析ツール"として「PrePoMax」を活用することを目指しました。

　読者諸氏の助けとなれば幸いです。

　最後に、本書の作成にあたって、PrePoMaxの開発者であるマリボル大学のMatej Borovinsek氏より解析情報の提供や活用に全面的なご協力を得ました。

　また、オープンCAE活動の展開において、(株)アルゴグラフィックスの辰岡正樹氏のご尽力を得ました。深く感謝いたします。

柴田　良一

「PrePoMax」ではじめる 実践構造解析

CONTENTS

はじめに………………………………………………………………… 3

第1章　フリー構造解析ツール「PrePoMax」の概要と導入

[1-1]　「PrePoMax」に関する色々な情報 ………………………… 8
[1-2]　「PrePoMax」の導入前の準備 ……………………………… 16
[1-3]　「PrePoMax」の導入と動作確認など …………………… 24

第2章　基本となる「構造解析」例題の実行と分析

[2-1]　「構造解析」の「形状モデル」と「メッシュ」………………… 36
[2-2]　「構造解析」の「材料」と「条件」の設定 ……………………… 50
[2-3]　「構造解析」の「実行」と「可視化」と「分析」……………… 58

第3章　各種「形状データ」からの「メッシュ」作成手順

[3-1]　「STL形状モデル」からの「メッシュ」作成 ……………… 68
[3-2]　「STEP」形状モデルからの「構造解析」…………………… 76

第4章　「スクリプト」を修正する「弾塑性解析」の例題

[3-1]　「PrePoMax」の「マウス操作」による「解析設定」…… 90
[3-2]　「弾性解析」の「実行」と「結果」の「可視化」……………… 98
[3-3]　「弾塑性解析」の「設定」と「実行」「可視化」…………… 106

第5章　「簡単な接触」を考慮した基本的な「接触解析」

[5-1]　解析に必要な「ツール」の更新………………………………… 118
[5-2]　「接触解析」の「形状設定」と「材料特性」…………………… 125

CONTENTS

[5-3] 「接触解析」の「解析条件」と「境界条件」 ……………… 142

[5-4] 「接触条件」を設定した「接触解析」…………………… 155

第6章 「複数部品」の「アセンブリ・モデル」の解析方法

[6-1] 「アセンブリ・モデル」での解析対象 ………………… 164

[6-2] 「アセンブリ・モデル」の「構造解析」……………… 177

[6-2] 「アセンブリ・モデル」の「実行」と「可視化」 ………… 187

第7章 「精度向上」や「形状変化」に対する「メッシュ更新」

[7-1] 「メッシュ更新」を検討する「解析モデル」……………… 196

[7-2] 「メッシュ更新」の「解析条件」の設定………………… 205

[7-3] 「メッシュの更新」と再計算の方法 …………………… 214

[7-4] 補強形状を用いた解析設定の更新の方法 ……………… 223

第8章 大規模モデル」対応と「並列解析の可能性」の確認

[8-1] 「検証用ノート」での「大規模モデル」の検証…………… 232

[8-2] 「計算サーバー」での「大規模モデル」の検証…………… 236

付 録 「PrePoMax」の機能説明の補足

[A-1] 「解析結果」の動画表示方法の解説………………………… 240

[A-2] 「固定条件の設定方法」の解説………………………… 244

[A-3] 「境界条件の表示方法」の解説………………………… 251

索引………………………………………………………………… 269

●各製品名は一般に各社の登録商標または商標ですが、®およびTMは省略しています。

第1章

フリー構造解析ツール「PrePoMax」の概要と導入

この章では、実践的な「ものづくり」で必要とされる「構造解析」の機能を備えた、Windows専用のフリーツールである「PrePoMax」の概要を説明し、さらに解析に必要となる関連ツールも含めて、導入手順を説明します。

また、「PrePoMax」は、「解析機能」の紹介情報が、YouTube動画で公開されているので、その内容を紹介しながら、本書作成時点での全体的な機能の紹介とします。

第1章　フリー構造解析ツール「PrePoMax」の概要と導入

1-1 「PrePoMax」に関する色々な情報

■「PrePoMax」とは何か

　「CAE」は、以下に示すように「プリ」「ソルバ」「ポスト」の3つの機能を組み合わせて、ものづくりに必要な解析を実行します。

　本書では説明を簡単にするために、「**有限要素法**」（Finite Element Method：**FEM**）による構造解析を対象として説明します。

プリ ：	解析対象の構造物を「モデル化」して「メッシュ」を作る。
ソルバ：	構造物の状態を表わす連立方程式を解いて「計算値」を出す。
ポスト：	解析結果の数値を「画像表現」して「構造物の挙動」を調べる。

　ここで「メッシュ」（網の目）とは、複雑な形状の構造物を、単純な「四面体」などの「有限要素」で分割することです。

　本書ではこれらの「構造解析」の理論については省略しているので、「有限要素法」に関する用語などが不明な場合には、ウエブ検索するか、下記の拙著で確認してください。

『オープンCAE「Salome － Meca」ではじめる構造解析』工学社、柴田良一著

　本書で活用する「PrePoMax」は、上記の「プリ」「ソルバ」「ポスト」を全て含んだ「統合ツール」になっており、利用者が「解析環境」の構築において、さまざまなツールを組み合わせる必要はありません。

　ただし、「プリ機能」において、形状を作る「3次元CAD」の機能はないので、別に「CADツール」を用意する必要があります。

　本書では「解析形状」の作成にフリーの「FreeCAD」を用いますが、所定の「形状データファイル」を出力できれば、他に商用のCADを利用することも可能です。

1-1 「PrePoMax」に関する色々な情報

＊

　「解析結果」を確認する「ポスト機能」については、非常に分かりやすい可視化が可能です。

＊

　「構造解析機能」を実現する「ソルバ」については、オープンソースで公開される「オープンCAE」の「構造解析ツール」の中で、評価が高く定番として利用されている、「CalculiX」を用います。

　この「CalculiX」は、1998年から"Guido Dhondt"(CCX：Finite Element Solver)と、"Klaus Wittig"(CGX：Pre-Postprocessor)によって開発が開始されました。

　「CalculiX」は「GPLライセンス」で公開されていますが、入力ファイルの形式が、高性能な商用構造解析ツールである「Abaqus」の「INPファイル」と類似していることからも注目されています。

　ちなみに、「Abaqus」は、非線形現象に対する構造解析の商用ツールとして、「ものづくり」で定番となっています。

　なお、この「Abaqus」で利用される入力ファイル「INP形式」を流用していることについては、「CalculiX」のウエブに、「「Abaqus」の開発元である"Hibbit, Karlsson & Sorensen, Inc"より許可を得て使用しているが、「CalculiX」の結果と「Abaqus」とは関連していない」と記されています。

＊

　また「CalculiX」は、実装がコンパクトなことから、さまざまなツールで「FEM」の「バックエンドソルバー」としても利用されており、たとえば「FreeCAD」の「FEMモジュール」として統合されて、「3D-CAD」ベースの「設計者用CAE」を実現しています。

＊

　解析システムの「CalculiX」(CCX)は、「FEMソルバ」(CalculiX CrunchiX：ccx)と、「プリ・ポスト」の「GUIツール」(CalculiX GraphiX：cgx)の2つから成り立っています。

9

第1章　フリー構造解析ツール「PrePoMax」の概要と導入

　ただし、CGXは非常に素朴な機能と表示であり、この「CCX」を用いた解析では"コマンドライン操作"で実行することが多いです。

　それぞれについて詳しい情報を得たい場合には、以下のリンクを参考にしてください。

```
CCX について⇒　 http://www.dhondt.de/ov_calcu.htm
CGX について⇒　 http://www.dhondt.de/ov_prepo.htm
CalculiX の公式サイト⇒　 http://www.dhondt.de/
```

＊

　この「CalculiX」による構造解析では、次のようなファイルの流れになります。

```
【INP ファイル：解析入力データ】
　　　　↓　　 構造解析ソルバ：CCX
【FRD ファイル：解析結果データ】
　　　　↓　　 可視化ツール：CGX
【目的となる可視化画像データなど】
```

　この「CCX」の「入力ファイル」である「INP形式」は、構造解析の入力情報のすべてを含んでいます。

　解析形状を表わす「メッシュ情報」も含まれることから「FreeCAD」でも利用できますし、本来の対象である構造解析ソルバの「Abaqus」にも若干の修正によって流用できます。

＊

　次に、「CCX」の「出力ファイル」である「FRD形式」は、基本的に"CGX専用"の形式です。

　しかし、「FreeCAD」の「FEMモジュール」に使われていることもあって、「FreeCAD」で利用できますし、基本的な「テキストデータ」形式なので、「変換ツール」で必要な形式に直して利用することも可能です。

＊

　なお、「オープンCAE」の「多機能可視化ツール」である「ParaView」では、FRDデータを直接には利用できませんが、「CalculiX-extras」の拡張版を用いることで、「CCX」から「Exodus形式」の「結果ファイル」を出力し

1-1 「PrePoMax」に関する色々な情報

て、「ParaView」で直接に可視化することができます。

「CalculiX」は、開発されて20年近く経過しており、コマンドライン操作による「研究開発用のFEMツール」として活用されていました。
しかし、「プリ・ポスト」に充分な機能がなく、解析全体を支援する統合環境がないため、「ものづくり」の現場での活用は難しいと考えられています。

しかし、「入力ファイル形式」が「Abaqus」の「INP形式」に類似しており、部分的には「入力データ」を移行できるため、潜在的な関心が高い状態でした。

「ソルバCCX」は多機能でコンパクトな特徴をもっていることから、後は使いやすい「GUI操作」可能な「プリ・ポスト機能」を備えた「統合支援ツール」が望まれていました。

＊

そこで本書では、Matej Borovinsek（マティ・プロヴィンシェック）氏の開発した「CalculiX」を「ソルバ」とした、「統合構造解析ツール」である、「PrePoMax」を活用した「FEM構造解析」を説明します。

なお、同じ開発者による最適化ツール「OptiMax」も解析ソルバに「CalculiX」を活用出来て、同じサイトで公開されています。

この「PrePoMax」の開発者Matej Borovinsek氏は、Linkedin（リンクトイン）の情報では、「Teaching Assistant at University of Maribor, Faculty of Mechanical Engineering」となっているので、スロベニア共和国のマリボル大学の機械工学科の助手とのことです。
著者は本書の作成にあたり、開発者ともメールで情報交換しており、日本での「PrePoMax」の活用をMatej先生も喜んでいます。

＊

それではさっそく、「PrePoMax」の以下の「公式サイト」に接続します。

11

第1章 フリー構造解析ツール「PrePoMax」の概要と導入

キーワード「PrePoMax」で検索してもリンクを見つけることができます。

> ・PrePoMaxの公式サイト
> http://lace.fs.uni-mb.si/wordpress/borovinsek/?page_id=41

最初に図1-1に示すような解析例題が表示されますが、商用ツールに迫る「GUI操作」と「結果表示」が可能になっており期待がもてます。

なお「PrePoMax」のプリ機能は、「形状データ」を読み込んで「メッシュ」を作るところからです。

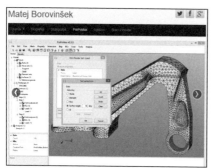 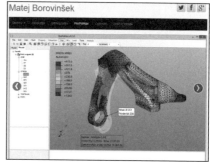

図1-1 「PrePoMax公式サイト」の解析事例

この公式サイトには、以下の内容がまとめられています。

・PrePoMax：

このツールは「Windows」専用の、「CalculiX」のFEMソルバに対する、GUIベースの「プリ・ポスト」ツールです。

基本的な解析手順がYouTubeの動画「PrePoMax － Basic Tutorial」で表示されています。

現時点で解説文書はありませんが、この動画を見れば手順が分かります。

1-1 「PrePoMax」に関する色々な情報

・FEM Features：

このツールが対応している「FEM機能」がバージョンごとにまとめて
あります。

これを見ると、2016/12/9に「ver.0.3.0」が出てから相当頻繁にバージョ
ンアップされているのが分かります。

> ※　なお、「ソルバCalculiX-CCX」の機能については、先に紹介したリン
> クを参照してください。

・User Features：

このツールが対応している「プリ・ポスト」機能がバージョンごとにま
とめてあります。

本書作成時点の最新版は「ver0.4.6」が2018/04/18に公開されています。

・Prerequisites：

このツールは、前提条件として「Microsoft .NET Framework 4.5.1」を
基盤として開発されているようで、基本的には「Windows限定」のツール
となります。

・Downloads：

最初の「v0.3.0」から最新版PrePoMax「v0.4.6」まで公開されています。

「ZIPファイル形式」でダウンロード可能ですが、ファイルは「ファイ
ルサーバー Mega」に置いてあります。

・Installation：

このツールのインストールは非常に簡単で、単にZIPファイルを展開
するだけです。

ただし、一応「システムファイル以外」にするように注意があります。

起動は展開フォルダに「PrePoMax.exe」があるので、これを実行するだ
けです。

なお、いくつかの「サブ・ディレクトリ」がありますが、後で説明します。

第1章　フリー構造解析ツール「PrePoMax」の概要と導入

・Video Tutorials：

　現時点でこのツールには、解析手順解説のウエブやPDF文書などがありません。唯一この動画資料があるだけです。

　執筆時点で、開発者のMatej（マティ）先生が公開した9つが並んでいますが、実はこの動画を真似れば、誰でも簡単に構造解析が実現できる、優れた内容の動画です。

　ちなみにWindows 10環境において、[1]「タスク・マネージャー」の「詳細」表示で、詳細タブを開き、[2]項目の右クリック「列の選択」で「プラットホーム」を選択して表示すると、「PrePoMax.exe」は「64bit」アプリケーションであることが分かります。

■「PrePoMax」の動作に必要な「ハードウェア」

　本書では、「Windows 10」が動作する一般的なPCを前提にして、「PrePoMax」の解析環境を構築して動画Tutorialに基づいた例題演習を行ないます。

＊

　この「PrePoMax」は「64bit」アプリケーションなので、上記のWindowsも64bitが必須ですが、Windows 10ならば対応しています。

　確認手順としては、[1]タスクバーの「スタートボタン」から、「設定」を選択して「システム」を選び、[2]左側項目の最下段の「バージョン情報」を押すと、項目「システムの種類」で、Windowsが「64bit」であるかどうかが分かります。

> ※　本書の以下の説明では、「Windows 10 Enterprise 64bit」を使って説明していきます。他のWindows 10のバージョンの場合には、適宜読み替えてください。

　解析対象の規模によりますが、メモリ実装は「2GB以上」が必須と想定しています。

　HDDの空き容量は、「5GB程度」は必要です。

　なお、解析環境の構築において、「PrePoMax」自体は「ZIP解凍のみ」です。

1-1 「PrePoMax」に関する色々な情報

そのためインストーラを起動する必要がなく、管理者権限が不要で手軽に導入できます。

ただ、関連ツールでは、インストーラの起動によりシステム部分に導入するため、管理者権限のあるユーザーとしてPCを利用できる必要があります。

なお、**第1～7章**の構造解析では、「CPU」は「Intel Core i7-2640 2.8GHz」を、「RAM」は「8GB」のノートPCを用いています。

> ※　さまざまな活用を検証したところ、「Windows7」の場合、普通に起動して、設定作業も進むのですが、**数値解析が実行されない**（ソルバCCXが起動しない）という問題が確認されました。
> 残念ながら、現状では確実な解決手段が確立していないので、「Windows 10」のみを動作環境とします。

■「PrePoMax」の他に必要な「ソフトウエア」

・Lhaplus：ファイルアーカイブツール

「PrePoMax」のインストールファイルはZIP形式の圧縮ファイルで、Windowsの機能でも展開できますが、大規模ファイルの対応や使い勝手を考えて導入します。（他の同様機能のツールも可）

・FreeCAD：フリーの3次元CAD

オープンソースで開発された3次元CADとしては、さまざまな機能と拡張性をもっています。

「PrePoMax」は「形状作成機能」がないため本書では「FreeCAD」をお勧めします。

ただし、商用を含め「STL形式」の形状データが出力できるツールがあれば利用可能です。

また、「FreeCAD」は様々な形状データを読み込み、必要な形式（ここでは「PrePoMax」が読める「STL形式」）に変換してファイル出力することが可能です。

> ※　たとえば、本資料では、別の3D-CADで作られた3次元データの「STEP形式」を「FreeCAD」で読んで、「STL形式」にファイル出力します。

第1章 フリー構造解析ツール「PrePoMax」の概要と導入

1-2 「PrePoMax」の導入前の準備

■「Windows10」の更新や確認の手順

　ここでは、「Windows 10」を利用して、実践的な構造解析統合システム「PrePoMax」の環境を準備します。

　他の「Windows7/8」でも一応起動はしますが、解析機能が不完全なので、ここでは動作環境から除外します。

　解析環境のWindowsについては、PrePoMaxでは比較的さまざまな状態のWindowsでは安定して動作します。

　ここでWindows Updateは必須ではありませんが、セキュリティや細かな機能追加もあるので、以下の手順で最新の状態に更新Updateすることをお勧めします。

---

[1]デスクトップの下にあるタスクバーのスタートメニューから、歯車のボタン「設定」を選択し、パネル「Windowsの設定」を開く。

[2]この中で**図1-2**①のように「更新とセキュリティ」ボタンを押して（下に隠れているときは右端のスクロールバーで移動して）、左欄から「Windows Update」を選択。

[3]**図1-2**②のように右欄の「更新プログラムのチェック」を押す。

[4]更新と再起動を繰り返し、「お使いのデバイスは最新の状態です。」と表示されたら完了。

　ただし、アップデータの問題がある場合には、更新を行なわない状態でも、統合システム「PrePoMax」は動作すると思います。

＊

　以下の説明では、Windows上で「拡張子を表示した状態」で行ないますので対応してください。

　また、各ソフトウエアのバージョンは、本書作成時点での情報なので、読者の利用時には、適宜読み替えてください。

16

1-2 「PrePoMax」の導入前の準備

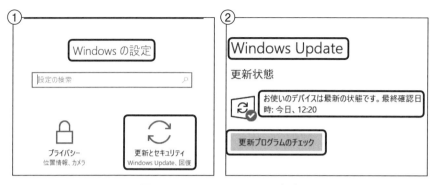

図1-2　Windows Updateの方法

■「Microsoft .NET Framework」のバージョンを確認

「PrePoMax」は、「Microsoft .NET Framework 4.5.1」を前提として開発されています。

そこで、自分が利用する「Windows」において、「バージョンを確認すること」が必要です。

まず**図1-3**①の表から、「**Windows 10**」では、「.NET Framework 4.5以降」がプレインストールされているので、そのまま動作します。

＊

この「PrePoMax」は、ウインドウ上のメッセージなどは、「英語」で表示されるソフトウエアであり、「日本語版」や「表示言語の変更機能」などはありません。

しかし、実際に動作させると、「ファイル選択」のツールなどは「日本語版ソフトウェア」のように、「日本語」で表示されます。

これは、「PrePoMax」が「Microsoft .NET Framework」を基盤として開発されており、「日本語Windows」上でのファイル選択などは日本語表示できるためです。

第1章 フリー構造解析ツール「PrePoMax」の概要と導入

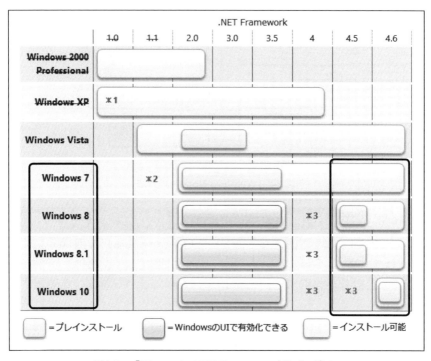

図1-3 「Microsoft .NET Framework」のバージョン
@ITのウエブより引用 http://www.atmarkit.co.jp/ait/articles/1211/16/news093.html

■「Lhaplus」：ファイルアーカイブツールの導入

　大規模なファイルを扱うことや使い勝手を考えて、インストールに用いるファイルアーカイブツール「Lhaplus」を導入します。

＊

　最新版は「v1.74」なので、以下のダウンロードサイト図1-4①から、インストールファイル「lpls174.exe」入手して、「ダウンロード」フォルダに保存して確認します。

・ダウンロードサイト
　http://forest.watch.impress.co.jp/library/software/lhaplus/

1-2 「PrePoMax」の導入前の準備

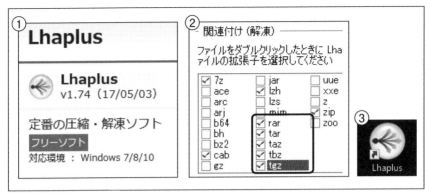

図1-4 「Lhaplus」の導入

「ダウンロード・フォルダ」を開いて、インストールファイル「lpls174.exe」を、「ダブルクリック」でインストールを開始します。

途中の確認は、「はい」で進めて、インストーラの指示に従って、そのまま「次へ」で進め、「インストール」して「完了」です。

「初期設定」のパネルが開きますが、「オープンCAE」ではUbuntuなどのLinuxで作られたファイルを扱うことがあるので、「関連付け（解答）」において、図1-4②のように「Linux」で使われるファイル形式の「**tar taz tbz tgz**」の4つのチェックを入れて、「OK」で設定します。

デスクトップに図1-4③のアイコンが表示されたら完了です。

＊

なお、同様なファイル展開機能をもつツールが導入済であれば、「Lhaplus」は不要です。

■「FreeCAD」：フリーの「3次元CAD」の導入

統合解析環境「PrePoMax」では、現時点では「3D-CAD機能」はもたずに、「プリ機能」として「有限要素解析」の「メッシュ作成機能」から先の処理に対応しています。

第1章 フリー構造解析ツール「PrePoMax」の概要と導入

よって、「解析形状」を作る「3D-CAD機能」を補うため、本書では「オープンソースの3D-CAD」として「FreeCAD」を導入します。

「PrePoMax」が現時点で読み込める形状データは、「STL形式」のみなので、この形式を出力できる3D-CADであれば商用や他のCADも利用可能です。

*

以下のダウンロードサイト図1-5①の「ダウンロードパッケージ一覧」より、インストールファイルを入手して、「ダウンロード」フォルダに保存して確認します。

なお、本来は最新版の「Ver0.17」を導入したいのですが、「FEMモジュール」にメッシュ作成機能が外されているなど、未完成の部分もあるので、「Ver0.16」を用いることにします。

・ダウンロードサイト
https://ja.osdn.net/projects/sfnet_free-cad/releases/
ファイル：FreeCAD-0.16.6706.f86a4e4-WIN-x64_Installer-1.exe

ダウンロードした「インストール・ファイル」を、「ダブル・クリック」で開始します。

確認には「はい」で進め、「FreeCAD 0.16 Setup」ツールが起動したら、

---

[1] License Agreement：「I Agree」で進める。

[2] Choose Install Location：インストール先はデフォルトのまま、「C:¥Program Files¥FreeCAD 0.16」として「Next」で進める。

[3] Choose Components：図1-5②の様に「Add to PYTHONPATH」にチェックを入れて「Install」すると、インストールの過程が表示される。

[4] Installation Complete：進展が最後まで進んだら、「Close」で完了。

20

1-2 「PrePoMax」の導入前の準備

　スタートメニューから「FreeCAD」を起動して確認したら、右上の「×ボタン」で終了します。
　さらに、メニューの「FreeCAD」の項目をドラッグして、デスクトップに図1-5③のアイコンを作っておきます。

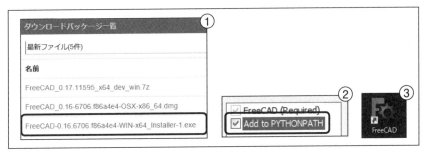

図1-5　「FreeCAD」の導入

　非常に多機能な「PrePoMax」ですが、先に説明した通り、独自の「3D-CAD機能」はもたず、解析形状の入力ファイル形式としては、標準的に使われる「STL形式」のみとなります。

　よって、さまざまな3D-CADで作られた形状ファイルを、「STL形式」に変換することが必要になります。

　多くのCADでSTL出力機能をもっていますが、「FreeCAD」もさまざまなデータ形式の入力（インポート）と出力（エクスポート）に対応しており、「データ・コンバータ」としても使えます。

　なお、解析形状の「メッシュ情報」としては、表1-1に示す中で、「INP形式」や「UNV形式」などがあります。
　そこで、「FreeCAD」公式解説ウェブから引用して、「データ形式の入出力一覧表」を翻訳して下表に示します。

　薄い灰色の部分が、今回の講習で関係するデータ形式です。

21

第1章 フリー構造解析ツール「PrePoMax」の概要と導入

・FreeCAD Inport Export
https://www.freecadweb.org/wiki/Import_Export

表1-1 FreeCADの対応ファイル形式

形式	説明	入力	出力	機能
FCStd	FreeCADの標準ファイルフォーマット	yes	yes	Built-in
FCMat	FreeCADの材料情報カード	yes	yes	Built-in
FCMacro	FreeCADのマクロファイル	yes	yes	Built-in
STEP	工業用モデルで利用される交換用フォーマットとして最も広く利用される形式の1つ	yes	yes	Part
IGES	若干古い形式だが、ソリッドベースの形式としてまだ利用される	yes	yes	Part
BREP	OpenCasCadeの標準フォーマット	yes	yes	Part
DXF	Autodeskの交換用形式で、2次元形状のみに対応	yes	yes	Draft
DWG	Autocadのメインの形式で、2次元形状のみに対し、外部ツールの導入が必要	yes	yes	Draft
SVG	ベクトル表現で広く利用される2次元形状形式	yes	yes	Draft /Drawing
OCA	Open CAD形式 (2次元形状のみで旧式)	yes	yes	Draft
IFC	Industry Foundation Classesで、BIMモデルの交換で利用され、外部ツールの導入が必要	yes	yes	Arch
DAE	Colladaの形式で、メッシュ形状の交換に用いる	yes	yes	Arch
OBJ	3次元形状のメッシュ情報交換形式	yes	yes	Arch /Mesh
STL	最も広く利用されている3次元形状のメッシュ情報交換形式であり、3次元プリンタの利用では標準 このPrePoMaxの形状データ形式でもある	yes	yes	Mesh
BMS	バイナリメッシュの標準形式	yes	yes	Mesh
AST	STL形式のメッシュ情報交換形式で、ASCIIの文字形式	yes	yes	Mesh
OFF	オブジェクトファイル形式メッシュ	yes	yes	Mesh
PLY	Points cloudによるメッシュ形式	yes	yes	Mesh /Points
INP	Abaqusで用いる標準入力形式で、解析対象の幾何学的情報を含む	yes	yes	FEM
POLY	Tetgenツールの形式	no	yes	FEM

1-2 「PrePoMax」の導入前の準備

UNV	FEM ツールで広く利用されるメッシュ情報の標準ファイル形式	yes	yes	FEM
MED	FEM ツール Salome-Meca の標準ファイル形式	yes	yes	FEM
DAT	FEM ツール Nastran の交換用形式	yes	yes	FEM /Draft
BDF	FEM ツール Nastran の標準ファイル形式	yes	no	FEM
FRD	PrePoMax でも利用する FEM ソルバー Calcul iX (CCX) の解析結果形式で、本来は専用プリポスト CGX で利用するファイル形式	yes	no	FEM
GCODE	G-Code ファイル形式　他には NC,GC,NCC,NGC,CNC,TAP などがある	yes	yes	Path
EMN	IDF ファイル形式	yes	no	Idf
IV	OpenInventor ファイル形式	yes	yes	Built-in
VRML	Web 3D format	yes	yes	Built-in
WebGL	Web 3D format(HTML 形式)	no	yes	Arch
SCAD	OpenSCAD ファイル形式	yes	yes	OpenSCAD
CSG	OpenSCAD 構成ソリッド形状	yes	yes	OpenSCAD
ASC	Points cloud 形式	yes	no	Points
POV	3D-CG のレンダリングツール Povray の形式	no	yes	Raytracing
CSV	コンマ区切りの表形式の数値データ	yes	yes	Spreadsheet
PDF	お馴染みの Adobe の PDF	no	yes	Built-in

MEMO

第1章　フリー構造解析ツール「PrePoMax」の概要と導入

1-3 「PrePoMax」の導入と動作確認など

以上で、PrePoMaxを利用するために必要なツールの導入ができました。

　オープンソースの有限要素法解析ツール「CalculiX」は、Windowsで動作するFEMソルバ（CalculiX CrunchiX : ccx）の実行形式が、さまざまな取り組みにより提供されており、これを統合した解析環境であるWindows専用の「PrePoMax」をインストールすることで、すぐに「構造解析」ができます。

　もちろん「FEMソルバCCX」は、「オープンCAE」として「ソース・プログラム」も配布されているので、目的に応じた環境で独自に構築することで、機能追加や性能向上が可能です。

　さらに基本となるCCXに対して、(a)汎用可視化ツール「ParaView」で利用可能なデータ形式である「Exodus形式」で解析結果を出力する改良や、(b)GPGPU技術を活用して数値解析を高速化させる改良版も作られていますが、独自の構築が必要になります。

> ※　なお、今回導入する「PrePoMax」については、自由にダウンロードして利用できますが、ソースコードが公開された「オープンCAE」ではありません。よって、現時点では独自の改良はできません。

*

　この「PrePoMax」は、非常に頻繁に更新されており、本書を活用される時には本書執筆時点から何度か更新されることが予想されます。
　そこで以下の説明では、現時点でのサイト情報を用いて、前半の**第1～4章**では敢えて以前の「ver0.4.2」を導入して活用し、後半の**第5～8章**は執筆時の最新の「ver0.4.6」に更新する手順を説明します。

> ※　実は校正時の最新版は、「ver0.4.7」であり、活発な開発により大きな機能拡張が期待されます。

1-3 「PrePoMax」の導入と動作確認など

■「PrePoMax」のダウンロードと配置

まず、以下に示す「PrePoMax」のダウンロードサイトに接続します。

これはキーワード「PrePoMax」で検索した公式サイトの下の方にある「Downloads」の図1-6①のリンク先になり、ダウンロード用サイト「Mega Limited [NZ]」に図1-6②のように切り替わります。

・ダウンロードサイト
　https://mega.nz/#F!8ggzlCSK!nlHRIQlOOV6NaYsy0vWLVg

執筆時点では、図1-6③のように公開された最初のバージョン「v0.3.0」から最新版「v0.4.7_dev」までが、すべて公開されています。

ここでは本書前半で用いる「v0.4.2」をダウンロードするので、「PrePoMax v0.4.2.zip」を選択して右クリックし、図1-6④のように「標準ダウンロード」を押します。ウインドウの左下にダウンロードの経過が表示されます。

ダウンロードしたファイルは「PrePoMax v0.4.2.zip」として、通常は「ダウンロード・フォルダ」に、「インストール・ファイル」(約50MB)「PrePoMax v0.4.2.zip」が保存されます。

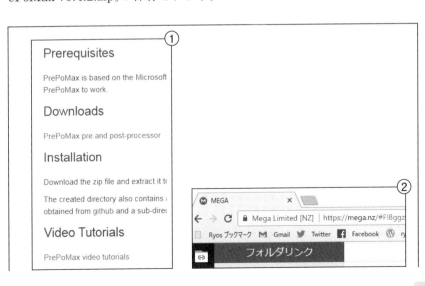

第1章　フリー構造解析ツール「PrePoMax」の概要と導入

図1-6　PrePoMaxのダウンロード

　この「インストール・ファイル」は、単に「PrePoMax」の起動に必要なファイルを「ZIP」で圧縮しただけなので、展開するだけでインストールは終わりです。

　ただし、最初に起動するときに「PrePoMax」は解析ソルバ「CalculiX」の場所（パス）を設定するため、「インストールするフォルダ」に保存してから、起動するようにします。

　本書では、Cドライブの直下に「OpenCAE」フォルダを作って、この中にインストールつまり展開することにします。
　なお、厳密に言うと「PrePoMax」はソースが公開されていませんが、解析ソルバ「CalculiX」はオープンCAEなので、この名前にしておきます。
　手順としては、以下のとおりです。

---

[1]「C:¥OpenCAE」フォルダを、「Cドライブ」直下に作る。
[2]「ダウンロード・フォルダ」にあるインストール用ファイル「PrePoMax v0.4.2.zip」を、「OpenCAEフォルダ」にコピーする
[3]「Lhaplus」を使って展開する。
[4] 右クリックメニュー「解凍⇒ここに解凍」を選択（標準設定では、そのままダブルクリックすると、デスクトップに展開）。

1-3 「PrePoMax」の導入と動作確認など

インストール用の「PrePoMax v0.4.2.zip」ファイルは不要。

> ※ なお、この段階で「PrePoMax」が起動しない場合は、「Microsoft .NET Framework」のバージョンの問題が考えられるので、図1-3を参考に対応してください。

インストールした「PrePoMax v0.4.2」フォルダを開くと、図1-7①のような内容です。
「PrePoMax.exe」がプログラム本体です。

動作確認として、ダブルクリックして起動すると、図1-7②のようなウィンドウが開きます。

正しく起動したら、右上×ボタンで閉じ、この「PrePoMax.exe」を右クリックして、メニューの「送る」⇒「デスクトップ（ショートカット作成）」を選択します。

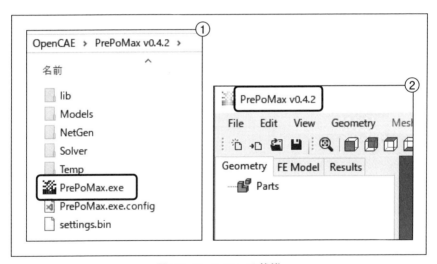

図1-7　PrePoMaxの状態

ここで、インストールフォルダ「PrePoMax v0.4.2」の内容を説明します。

27

第1章　フリー構造解析ツール「PrePoMax」の概要と導入

「lib」：	「PrePoMax」が動作するために必要なライブラリがたくさんあります。
「Models」：	例題演習などで用いる「解析モデル」の「ファイル」があります。
「NetGen」：	「メッシュ作成用」の「Netgen」のツールのファイルがあります。
「Solver」：	「CalculiX」の「解析ソルバー CCX」の公開時最新版の「v2.10」があります。
「Temp」：	解析の「一時ファイル」の「保存フォルダ」です。 この中で内容を利用するのは「Models」のみだと思います。 保存されているファイルの直接拡張子を以下にまとめておきます。

「pmx」：	「PrePoMax」アプリケーション独自の解析情報などを統合した情報データ形式。
「stl」：	立体的な解析形状を表面の三角形で表した形状データ形式で３3Dプリンタなどでよく使われる。
「unv」：	元は「IDEAS」の解析情報形式だが、現在は広く共通で使われる「メッシュ形式」。
「inp」：	Abaqusで用いられる入力データ形式で、「CalculiX」も類似形式を用いる

　これからの「解析作業」の情報を保存するためには、[1] インストールフォルダ「PrePoMax v0.4.2」の中に「Work」フォルダを作り、[2] これを右クリックして、メニューの「送る⇒デスクトップ（ショートカット作成)」を選択します。

　これでデスクトップには、解析ツール「PrePoMax」と作業フォルダ「Work」のショートカットが作られました。

1-3 「PrePoMax」の導入と動作確認など

■「PrePoMax」の例題解説動画の確認

「公式ウェブページ」には、最後に「Video Tutorials」として「PrePoMax」の例題解説動画（YouTube）へのリンクがあります。

実は現時点で「PrePoMax」には、「解析手順解説のウェブページ」や「PDF解説資料」などがありません。唯一この"動画資料"があるだけです。

開発者Matej氏とのメール交換でも、当面は「PrePoMax」自体の開発に専念するために、解説文書を作ることは後回しになるそうです。

＊

本書作成時点で、Matej氏が投稿した動画が、図1-8に示すように、集約したリストとして9個が並んでいます。

これらは「PrePoMax」の最新版の公開に合わせて、最新機能の紹介動画が追加して公開されています。

＊

実は「PrePoMax」は、この動画を真似れば誰でも構造解析が実現できるぐらいに、直感的な操作に対応した、優れた「構造解析ツール」です。

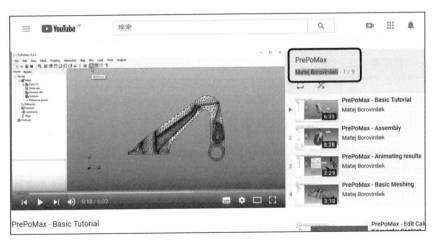

図1-8 「PrePoMax」の動画資料

第1章　フリー構造解析ツール「PrePoMax」の概要と導入

■「PrePoMax」の例題解説動画の説明

この動画リストには、本書作成時点で、以下の9個が並んでいます。

・「PrePoMax - Basic Tutorial」
⇒第2章　モデルデータの基本解析
・「PrePoMax - Assembly」
⇒第6章　アセンブリモデルの解析方法
・「PrePoMax - Animating results」
解析結果の動画表示方法
・「PrePoMax - Basic Meshing」
⇒第3章　メッシュ作成の基本操作
・「PrePoMax - Remeshing/Using different geometry」
⇒第7章　形状変化に対するメッシュ作成
・「PrePoMax - Rigid Constraint」
固定条件の設定方法の解説
・「PrePoMax - Boundary Condition & Load Symbols」
境界条件や荷重条件の表示
・「PrePoMax - Edit CalculiX Keywords: Plasticity」　章
⇒第4　弾塑性特性を考慮した解析
・「PrePoMax - Edit CalculiX Keywords: Contact」
⇒第5章　接触条件を考慮した解析

これらの動画では、HD（高画質モード）に対応しているため、大きな画面で表示すれば、設定の項目や数値を正しく読み取ることが可能です。

■「PrePoMax」の例題解説動画の内容

これらYouTubeの動画と本書の内容は、以下のように対応しています。

*

まず前半は、基礎的な内容として、「基本となる解析手順の全体の流れ」と、「メッシュの作成方法」「弾塑性解析の基本となる設定」などを解説します。

30

1-3 「PrePoMax」の導入と動作確認など

第2章：基本となる構造解析例題の実行と分析（フォルダ：Ex1）
⇒「PrePoMax - Basic Tutorial」モデルデータの基本解析

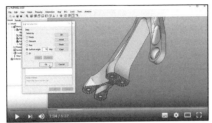 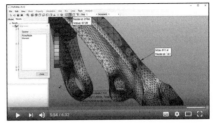

　解析モデルとして「UNV形式」のメッシュ情報を読み込んで、「固定」と「荷重の条件」を設定。

　材料特性を設定して基本となる「弾性解析」を行ない、「変位」や応力を求めて可視化する全体の手順を演習します。

　「商用ツール」に似た直感的な操作が可能です。

第3章：各種形状データからのメッシュ作成手順（フォルダ：Ex2）
⇒「PrePoMax - Basic Meshing」メッシュ作成の基本操作

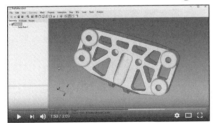 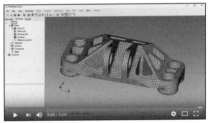

　基本となる形状データの「STL形式」を読み込んで、さまざまな条件でメッシュを作る手順を演習します。

　本書では独自内容として、「STEP形式」の形状データを「FreeCAD」で「STL形式」に変換して、弾性解析の手順を復習する内容を追加しています。

第4章：「スクリプト」を修正した、「弾塑性解析」の例題（フォルダ：Ex3）
⇒「PrePoMax - Edit CalculiX Keywords: Plasticity」弾塑性解析

第1章　フリー構造解析ツール「PrePoMax」の概要と導入

 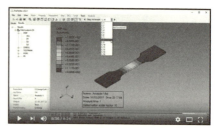

　「基本設定」として、「PrePoMax」の「マウス操作」のみで「弾性材料」を設定して「応力解析」を行ないます。

　次に、「解析情報」の「INP形式」を修正することで弾塑性材料を設定してみます。
　この場合には塑性状態での詳細な応力の状態を調べることができます。

＊

　本資料で演習する「PrePoMax」は、「構造解析ソルバ」として「Abaqus」を目指して開発された「CalculiX」を用いているため、非常に高度な「構造解析」まで対応しています。

　そこで後半では、「ものづくり」の「実践的な構造解析」において必要となる高度な解析手法として、以下の**3つの動画**をもとに解説します。

第5章　簡単な接触を考慮した基本的な接触解析（フォルダ：Ex4）
⇒「PrePoMax - Edit CalculiX Keywords: Contact」2物体の接触解析

 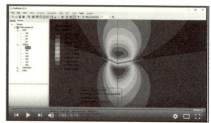

　球体と平板の接触問題で、最初は接触条件を不完全にして重なる状態になりますが、解析情報設定のINPファイルに接触条件を追加する事で、正しい接触解析を実現しています。
　「接触面のめり込み」や「応力集中」が確認できます。この手順により

32

1-3 「PrePoMax」の導入と動作確認など

「PrePoMax」のGUIで設定できない高度な解析機能の利用できます。

第6章 複数部品のアセンブリモデルの解析方法（フォルダ：Ex5）
⇒「PrePoMax - Assembly」複数部品の中で選択した対象の応力解析

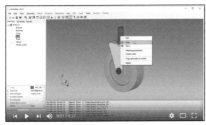 

　車輪と支えを組み合わせたアセンブリモデルに対して、支え部分のみの応力解析を行うための設定方法を解説しています。
　個別の部品を選択して解析モデルをマウス操作で設定できます。
　なおこの解析データは開発者Matejさんから、この教材の為に提供頂いたものです。感謝申し上げます。

第7章 精度向上や形状変化に対するメッシュ更新（フォルダ：Ex6）
⇒「PrePoMax - Remeshing/Using different geometry」メッシュ更新手法

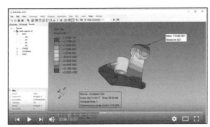 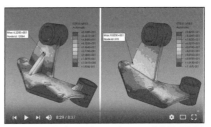

　この例題では機械部品の構造解析を行い、応力分布に応じて補強部材を追加した場合に、対応します。
　改めて修正形状に対して新しく固定や荷重の境界条件を設定する手間を省いて、修正された異なる形状に対しても、境界条件を流用して効率よく解析をする手順を示します。

33

第1章　フリー構造解析ツール「PrePoMax」の概要と導入

＊

実は現在公開されている9個の中で、本文の**第2～7章**で扱っていないものが、以下の3つになります。ここでは、簡単に内容を説明して、付録に概要を示します。

・「PrePoMax - Animating results」　解析結果の動画表示方法

　非線形の構造解析を増分法で解いた場合などに、解析ステップ毎の結果を動画 (アニメーション)として表示する方法を説明。

　結果はAVI形式の動画ファイルとして保存できます。

・「PrePoMax - Rigid Constraint」　固定条件の設定方法の解説

　固定条件の設定方法として、円筒座標系のように扱うために、円筒面上の多数の節点を1つの節点に結び付ける多点拘束を用いることで、特別な境界条件の設定に対応します。

・「PrePoMax - Boundary Condition & Load Symbols」　境界条件の表示

　解析形状やさまざまな境界条件や荷重条件の設定状態を、マウス操作で確認や設定する方法を説明し、さらに解析結果の可視化の表現方法の設定変更も構造解析の手順の中で解説しています。

　なお本書はモノクロ印刷ですが、読者の方は実際に「PrePoMax」をパソコンで操作しながら、本書の説明を理解すると想定しています。

　本書の図ではモノクロ表示で色は区別できませんが、本文中の説明では色による区別を記していますので、実際の画面を見ながら説明を確認してください。

> ※　実は校正時において最新版「ver0.4.7」が公開されました。これに対応した以下の2つの動画追加され、全11個となりました。
>
> ・Gravity：　重力つまり体積力を設定する機能
> ・Material Library：　材料特性情報を保存する機能

第2章

基本となる「構造解析」例題の実行と分析

　この章では、[1]「解析モデル」として「UNV形式」のメッシュ情報を読み込む。[2]「固定と荷重の条件」を設定する。[3]「材料特性」を設定して基本となる「弾性解析」を行なう。[4]「変位」や「応力」を求めて可視化する——という、「全体の手順」を演習します。

　「PrePoMax」は「商用ツール」に似た直感的な操作が可能で、効率的な「構造解析」が可能となっています。
　本章は、本書全体を通しての基本操作なので、確実に理解してください。

第2章　基本となる「構造解析」例題の実行と分析

2-1 「構造解析」の「形状モデル」と「メッシュ」

　本章では、「PrePoMax」の基本例題から始めます。

　本書を見ながら実際に操作して、さらにYouTubeの動画資料を確認することで、確実に解析手順を学ぶことができます。

＊

　ここではまず、用意された「解析モデルデータ」を用いた「弾性 応力解析」の操作手順を、動画のとおりに進めて説明します。

　ただし、動画は「PrePoMax v0.3.0」で作られており、本書の解析で用いる「v0.4.2」とはメニュー項目などが若干異なっているので、その場合は「v0.4.2」を用いて説明します。

＊

　先に準備したとおり、デスクトップの**図2-1①**「PrePoMax」のアイコンから起動すると、**図2-1②**のようなウインドウが開きます。

　ウインドウでは、上から「メニューバー」「ツールバー」が並び、その下の**左側**は各種の情報や設定がツリー状に表示される「オブジェクト・ブラウザ」で、表示内容で区別して3つのタブ「Geometry」「FE Model」「Results」が並んでいます。

　その下は「オブジェクト・ブラウザ」の選択した項目の情報を示す「データパネル」です。右側は3次元表現で形状や結果などを表す「グラフィック・パネル」になり、その下は機能実行での結果やログを表示するための「ログパネル」です。

　ここでは、**図2-1③**のように「FE Model」タブを表示させておきます。

36

2-1 「構造解析」の「形状モデル」と「メッシュ」

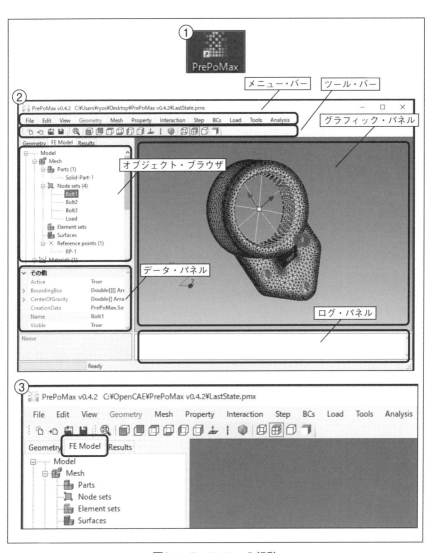

図2-1　PrePoMaxの起動

第2章　基本となる「構造解析」例題の実行と分析

■「UNV形式」の「メッシュ・データ」の読み込み

この「PrePoMax」には、「解析形状」を「3次元モデル」として作る3D-CADの機能はなく、基本的に、外部のCADで作られた「STL形式」の形状データを読み込みます。

この形状に対して「PrePoMax」は、「Netgen」を用いてメッシュ作成は可能ですが、この例題では、すでに用意された「メッシュ・データ」(UNV形式)を読み込むことにします。

図2-2①のようにメニューの「File⇒Import」を選択して、図2-2②の「開く」パネルを開いたら、「PrePoMax」のインストールフォルダ、「C:￥OpenCAE￥PrePoMax v0.4.2」の中にある「Models」を開きます。

ここには先ほど説明した「拡張子」をもつ「解析モデル」などのモデル情報ファイルがあります。

この「Openパネル」で読み込めるファイルは、図2-2③に示す4種類の「解析形状」や、「メッシュ」のファイルです。

ここでは図2-2④に示すように、「bracket.unv」を選択して「開く」を押します。

*

なお、図2-2③にある4つの入力ファイルの形式は、以下のとおりです。

1・Stereolitography files (*.stl)：
立体的な解析形状を「三角形」で表わした形状データ形式

2・Universal files (*.unv)：
「IDEAS」の形式で、現在は広く共通で使われるメッシュ形式

3・Netgen files (*.vol)：
オープンソースのメッシュ生成ツール、「Netgen」のメッシュ形式

4・Abaqus/CalculiX inp files (*.inp)：
「Abaqusで」用いられる入力データ形式で、「CalculiX」も類似形式を用いる。
ただし、本来は「形状」だけでなく「解析設定 情報」も含まれる。

38

2-1 「構造解析」の「形状モデル」と「メッシュ」

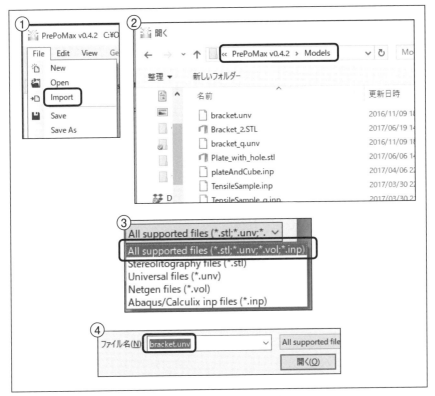

図2-2 「メッシュ・データ」の読み込み

「PrePoMax」のウインドウ左下のグラフが読み込みに応じて進展します。

完了すると、「グラフィック・パネル」に図2-3①のブラケット部品のメッシュが表示され、その下の「ログ・パネル」には以下の作業履歴が表示されます。

```
10/19/17 18:54:28    Import file: # ￥Models￥bracket.unv
```

また、「FE Model」タブのPartsの項目は、形状が1つ読み込まれたことを示して、図2-3②のように「Parts (1)」となります。

第2章 基本となる「構造解析」例題の実行と分析

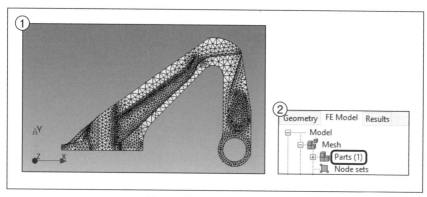

図2-3 読み込んだメッシュ

「PrePoMax」の「グラフィック・パネル」でのマウス操作は、以下のとおりです。

平行移動:「Shift＋スクロールホイール」のドラッグ（押したまま動かす）。
3D回転:「ホイール」を「中ボタン」として使い、ドラッグで自由回転。
2D回転:「Ctrl＋スクロールホイール」のドラッグで、視線軸まわりの回転。
拡大縮小:「ホイール」の「前回転」が縮小、「後回転」が拡大、要は視点の移動。

*

ここで「グラフィック・パネル」の操作で用いる「ツールバー」のボタンについて、まとめて説明します。

「グラフィック・パネル」での表示に関しては、**図2-4①**のような表示変更のボタンが用意されています。

各ボタンにマウスを載せると、機能についての小さな説明が表示されます。

解析モデルの図形の表現方法としては、**図2-4②**の4つがあり**図2-4③**のような形状表現です。

2-1 「構造解析」の「形状モデル」と「メッシュ」

　図2-4④に示した4つのボタンは、「File」メニューに含まれるよく使う機能を、ボタンにしています。

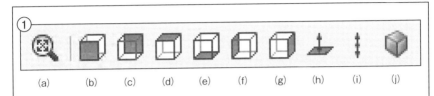

(a)「Zoom to fit」：全体表示
(b)「Front view」：正面表示
(c)「Back view」：背面表示
(d)「Top view」：天面表示
(e)「Bottom view」：底面表示
(f)「Left view」：左面表示
(g)「Right view」：右面表示
(h)「Normal view」：標準表示
(i)「Vertical view」：垂直表示
(j)「Isometric view」：等角表示

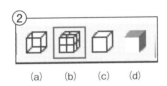

(a)「Wire frame」：ワイヤーフレームで、メッシュの線分のみ表示
(b)「Show element edge」：要素を表示して、表面とメッシュ線分を表示
(c)「Show model edge」：モデル形状の線分と面の陰影を表示
(d)「No ediges」：モデル形状の面の陰影のみを表示

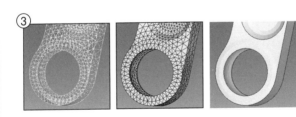

第2章 基本となる「構造解析」例題の実行と分析

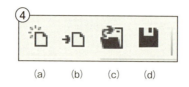

- (a)「New model」:「解析モデル」の新規作成(新しく解析を始める場合)
- (b)「Import file」:「解析モデル」の形状(stl)やメッシュ(unv, vol, inp)の読み込み
- (c)「Open file」:PrePoMaxの設定ファイル(pmx)やCalculiXの解析結果(ftd)の読み込み
- (d)「Save to file」:PrePoMaxの設定ファイル(pmx)の上書き保存(意図的に保存する場合)

図2-4 ツールバーのボタンの説明

ちなみに、このメッシュを読み込んだ状態で、右上の「×ボタン」を押すと、保存せずにそのまま終了してしまいます。

しかし、再び起動すると、「見る角度」や「ウインドウ」の大きさなどは変わりますが、読み込んだ情報などは自動的に保存されて、基本状態から再開できます。

この機能を実現するために、「PrePoMax」では操作の状態を自動的に随時保存しており、実践的に優れた仕様だと思います。

■「解析対象」の「メッシュ・モデル」の設定

ここから「構造解析」の条件を「メッシュ・モデル」に設定します。

読み込んだ「メッシュ情報」は、「オブジェクト・ブラウザ」の「FE Model」タブの「Parts」項目の下に、「Solid-Part-8」として配置されています。

これをダブルクリックすると「Edit Part: Solid-Part-8」パネルが図2-5 ①のように開きます。

2-1 「構造解析」の「形状モデル」と「メッシュ」

「データ・グループ」の「Name」項目の値を、「Solid-Part-8」をダブルクリックして「Bracket」に変更し、「OK」で閉じます。

これで「Bracket」が選択された状態になると、**図2-5**②のように「グラフィック・パネル」の「解析モデル」の形状が、赤く縁取られた表現になります。

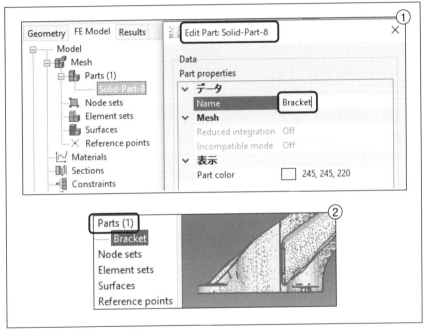

図2-5　メッシュ情報の確認

＊

次に「固定条件」や「荷重条件」などの、「境界条件」を設定する面を指定します。
これらの条件は本質的には「節点」における「自由度」に対して設定されるものです。

第2章　基本となる「構造解析」例題の実行と分析

　「節点の集合」に対して設定するので、「FE Model」タブの「Node sets」をダブルクリックして、「Edit Node Set」パネルを**図2-6①**のように開きます。

□まず、「固定条件」を設定するので、「データ・グループ」の「Name」欄の「NodeSet-1」をダブルクリックして「support」に変更します。

□次に設定する対象を「Select items」に指定するのですが、現在は「Empty」で空になっています。

　この欄を押すと**図2-6②**のように ⋯ のボタンが欄の右端に表われるので、押すと、**図2-6③**の「Set selection」パネルが表示されます。

　以下の**6種類**の設定対象の幾何学的な種類が「Data」の項目において「Select by」で選択できます。

1・**Node**：単独の節点

2・**Element**：単独の要素

3・**Part**：単独のパート（物体）

4・**Edge angle**：節点が集合した線分（**図2-6④**）

　分割する線の角度の閾値「10 (deg)度」

　節点が並んだ線分（稜線・特徴線）で、10度以上折れた部分で分割する

5・**Face angle**：節点が集合した表面（**図2-6⑤**）

　分割する面の角度の閾値「10 (deg)度」

　節点が並んだ表面の部分で、10度以上折れた部分で分割する

6・**ID**：（調査中）

　なお「Node」「Element」「Part」は、選択して「マウス・カーソル」を「解析対象」に当てると、選択された対象が「黄色」に表示されます。

44

2-1 「構造解析」の「形状モデル」と「メッシュ」

＊

　ここでは、「解析モデル」の固定部分の底面を、「support」として設定するので、「Face angle」を選択し、角度は10度として、底面をクリックすると、**図2-6⑥**のようになります。

　「Set selection」パネルで「OK」で確定すると、先に「Empty」だった部分が「Number of items: 347」となり、底面に347個の節点が含まれることが分かります。

　さらに、「Edit Node Set」パネルで「OK」で確定すると、**図2-6⑦**のように「オブジェクト・ブラウザ」の「Node sets」の項目に「(1)」が追加され、その下に固定条件の面である「support」が入ります。

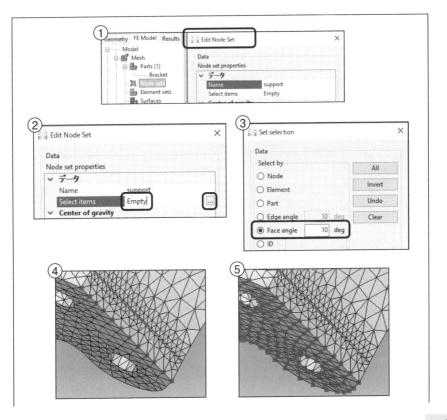

第2章　基本となる「構造解析」例題の実行と分析

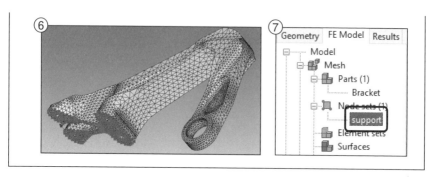

図2-6　境界条件の指定面の設定

□続いて、同様の方法で「荷重条件」を設定します。

　「FE Model」タブの「Node sets」をダブルクリックして、「Edit Node Set」パネルを図2-7①のように表示します。

　「データ・グループ」の「Name」欄の「NodeSet-1」をダブルクリックして「load」に変更します。

□次に、設定する対象を「Select items」に指定するのですが、現在は「Empty」で空になっています。

　この欄を押すと、「固定条件」のときのように […] のボタンが欄の右端に表れます。ボタンを押すと、「Set selection」パネルが表示されます。

　荷重は固定面と反対のアーム先端の穴の内側とするので、図2-7②のように選択します。

　「Set selection」パネルの「OK」で確定すると、荷重面に含まれる節点が「Number of items: 290」となります。

　これにより「オブジェクト・ブラウザ」は、図2-7③のようになります。

46

2-1 「構造解析」の「形状モデル」と「メッシュ」

＊

　ここで「分布荷重」としての「荷重条件」は「節点群」を「面」に変換する必要があります。

□「オブジェクト・ブラウザ」の「Surfaces」項目をダブルクリックして、**図2-7④**の「Create Surface」パネルを表示します。

　「Name」項目をダブルクリックで「load」に変更して、「Create by/from」項目は「Selection」となっています。

　この欄を押すと V のボタンが欄の右端に表われます。

□ボタンを押すと、「Selection ／ Node set」が選択できるので「Node set」を選びます。

□下の「Node set」項目の値の欄を押すと V のボタンが欄の右端に表れるので押すと、「support ／ load」が選択できるので「load」を選びます。

　これで「グラフィック・パネル」に対象となる「荷重条件」の「節点群」が表示されます。

□さらに「OK」で進めると、表示が**図2-7⑤**の面表示になり、「オブジェクト・ブラウザ」の「Surfaces」項目に「load」が**図2-7⑥**のように追加されます。

47

第2章　基本となる「構造解析」例題の実行と分析

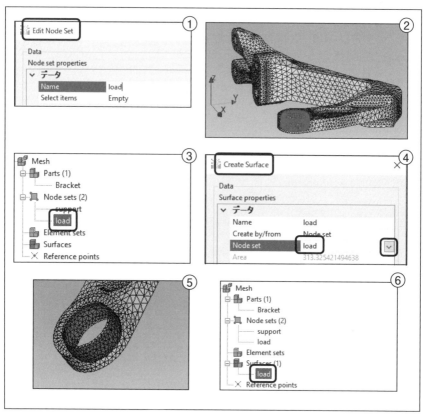

図2-7　荷重設定する面の設定

＊

作業がひと段落したので、「PrePoMax」での解析設定の情報を保存します。

□初めて保存する時には保存ファイル名を決めるために、

[1]メニューの「File⇒Save As」を選択。
[2]解析作業用フォルダ「C:￥OpenCAE ￥PrePoMax v0.4.2￥Work」の中に「Ex1」フォルダを作成。

2-1 「構造解析」の「形状モデル」と「メッシュ」

[3] この中にファイル名「Ex1-1」として、ファイルの種類は「PrePoMax
files (*.pmx)」として「保存」を押す。
終了時の動作を確認するために、「PrePoMax」を「×ボタン」でいった
ん終了します。

＊

なお、保存するファイル名を決めて一度保存したあとで、作業の途中経
過を上書き保存するときには、**図2-4④**に示した「Save to file」のボタンを
押すことで簡単に保存できます。

□再びPrePoMaxを起動すると、保存した状態に復帰します。

この状態で、「Open File」で解析設定ファイル「Ex1-1.pmx」を読み込ん
でも同じ状態になります。

まとめると、一連の解析を連続して行なっているときは、仮に解析設定
を保存せず終了しても、次の時には「PrePoMax」を起動するだけで状態
を復帰できるようです。

＊

以上の設定では、**図2-7⑥**の「オブジェクト・ブラウザ」の表示を見ると、
「Node sets」と「Surfaces」の2つの項目で、同じ名称「load」が使われてい
ます。

実は、前半で用いる「PrePoMax ver0.4.2」ではこの設定が可能でした
が、後半の「ver0.4.6」では区別して設定する必要があるようです。

ただ、この最新版「ver0.4.6」ででも同じ名称が設定できる部分もあり、
開発の展開に応じて設定方法も変更があり得ます。

そこで、前半の説明では、動画の説明に対応して区別せず同じ名称で設
定しますが、今後の活用を見込むならば、区別して重複しない名称にする
ことをお勧めします。

49

第2章 基本となる「構造解析」例題の実行と分析

2-2 「構造解析」の「材料」と「条件」の設定

　前節では、「構造解析」の「形状」に関する幾何学的な設定を行なったので、次は「材料特性の定義」と、「荷重や固定の具体的な条件」を設定します。

■「解析モデル」の「材料特性」の「設定」と「割当」

　まずは「材料特性」を設定します。

□「オブジェクト・ブラウザ」の項目「Materials」をダブルクリックして、「Create Material」パネルを**図2-8①**のように表示させます。

□動画の例題では、材料はステンレス鋼「AMS5862」を用いるため、「Material name」の項目を「AMS5862」とします。
　ここでは基本となる例題のため、材料は弾性としてElasticity項目の「Elastic」を選択します。

□続いて $\Rightarrow$ ボタンを押して、左側の「Available models」で選択した項目「Elastic」を、中央のSelected modelsに設定します。

　これで**図2-8②**のように右側「Properties」の欄に「Young's modul」「Poisson's ratio」の2つの欄が出来ます。

□「値」の欄をマウスでクリックすると変更できるので、以下のように設定します。

・Young's modul：210000
（単位を換算より、MPa＝106 Pa＝106 N/m2＝106 N/ 106 mm2＝N/ mm2）
・Poisson's ratio：0.27　　（単位なし）

50

2-2 「構造解析」の「材料」と「条件」の設定

　設定を終えたら「OK」で進めると、図2-8③のように「オブジェクト・ブラウザ」の「Material」項目に「AMS5862」が追加されます。

　なお、「オブジェクト・ブラウザ」では、項目に対して設定情報が追加されますが、これらの情報はブラウザの下半分の「データ・パネル」に表示されるので、これで設定内容を確認することができます。

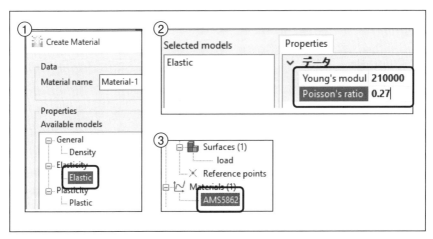

図2-8　材料特性の定義

　続いて、設定した材料特性を、「解析モデル」に割り当てます。

□「オブジェクト・ブラウザ」の項目「Sections」をダブルクリックして、「Create Section」パネルを図2-9①のように表示させます。
　割り当てる「解析モデル」の形状が「Type項目」に3つ並んでいますが、現在の状態では「Solid section」のみが選択できます。

　これより「Section properties」の「データ欄」に「設定項目」が以下の5種類表示されます。

51

第2章　基本となる「構造解析」例題の実行と分析

なお、各項目を押すと、下に簡単な説明が表示されます。

1・Name：割当の任意の名称で、「solid_AMS」とする。
2・Material：割り当てる材料特性で、先に設定した「AMS5862」とする。
3・Geometry：割り当てる解析対象で、先に設定した「Bracket」とする。
4・Thickness：0
　（2次元形状の平面歪みや平面応力の場合、またはシェルモデルに設定するので3次元モデルでは「0」とする）
5・Type：TreeDimensional（変更できない）

以上の項目を、図2-9②のように設定したら、「OK」で確定します。
図2-9③のように「オブジェクト・ブラウザ」の「Sections」項目に「solid_AMS」が追加されます。

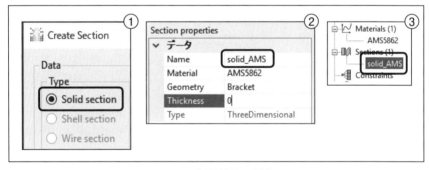

図2-9　材料特性の割当

この「PrePoMax」では、図2-9②の材料の割当で分かるように、以前に準備した設定項目で、唯一で確定する場合には最初から候補として提示されています。
このような細かな対応で、解析の設定が効率よく行えます。

2-2 「構造解析」の「材料」と「条件」の設定

■「解析条件」の「設定の枠組み」

続いて「解析条件」を設定します。

＊

「オブジェクト・ブラウザ」の項目「Steps」をダブルクリックして、「Create Step」パネルを図2-10①のように表示させます。

このステップは「数値解析」での「増分ステップ」のことで、「動的解析」や「非線形解析」を行なう場合には複数のステップで増分計算を行ないます。

しかし、現在の「PrePoMax」では、「Step type」において「Static step」のみが用意されており、このプリ機能の自動設定のみでは、「静的非線形解析」のみに対応しています。

ここで「Static step」を選択すると、右側に「Step properties」の項目がデータとして2つ表示されます。

1・**Name**：増分ステップ設定の名称で、ここでは「Step-1」のままにします。
2・**Nlgeom**：「Non-Linear Geometry」のOn/Off設定で、ここでは「Off」のままにします。
（これは大変形問題などで、幾何学的非線形性を考慮するかどうかの設定です）

以上の項目を図2-10②のようにそのままにして、「OK」で確定します。

図2-10③のように「オブジェクト・ブラウザ」のSteps項目に「Step-1」に加えて3項目（Field outputs・BCs・Loads）が追加されます。

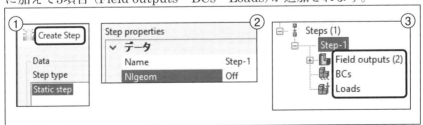

図2-10　「解析条件」の枠組み

53

第2章 基本となる「構造解析」例題の実行と分析

続いて、先に設定した「解析条件」「Step-1」の項目「BCs (Boundary Conditions)：固定条件」と「Loads：荷重条件」を設定します。

なお、これまでの作業で、これらの境界条件の設定対象となる幾何学的な位置は設定してあるので、ここでは具体的な条件（数値）を設定します。

□「オブジェクト・ブラウザ」の直前に作成した解析設定「Step-1」の下にある項目「BCs」をダブルクリックして、「Create Boundary Condition」パネルを**図2-11①**のように表示させます。

現在の「PrePoMax」ではBoundary Condition typeにおいて、「Displacement/Rotation」のみが用意されています。

これを選択すると、右側に「Boundary Condition properties」の項目が「DOF・データ」の２つの項目として表示されます。
まず、下にある「データ」の**4項目**を設定します。

1・**Name**：設定する固定条件の名称で、ここでは「support」に変更します。

2・**Region type**：固定条件を設定する対象の状態で、ここでは「Node set」のみ設定できます。

3・**Node set**：固定条件を設定する対象の選択で、ここでは先に設定した２つ（support・load）の中から、「グラフィック・パネル」で位置を**図2-11②**のように赤色節点群として確認して「support」を選択します。

4・**Degree of freedom**：設定する固定条件での拘束する自由度を選択します。Noneとある欄の右端の V ボタンをクリックすると、選択できる候補が8個表示されます。ここでは、3次元要素の節点なので3自由度（XYZ方向）を**図2-11③**のように選択します。

> None：拘束する自由度なし　　　All：すべての自由度を拘束する
> U1・U2・U3：1番X軸方向変位を拘束、同様に2番Y軸3番Z軸
> UR1・UR2・UR3：1番X軸周回転を拘束、同様に2番Y軸3番Z軸

---

*

54

2-2 「構造解析」の「材料」と「条件」の設定

　以上の設定より、データの項目は**図2-11**④となります。

　対応して「DOF」の項目に**図2-11**⑤のように、3つの自由度（U1/U2/U3）の変位量が0つまり固定となります。

□「OK」で確定すると、**図2-11**⑥のように「オブジェクト・ブラウザ」のBCs項目に「support」が追加されます。

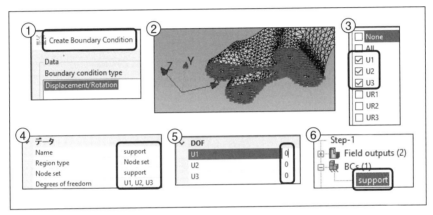

図2-11　固定条件の設定

　続いて、先に設定した「解析条件」「Step-1」の項目「Loads：荷重条件」を設定します。

□「オブジェクト・ブラウザ」の解析設定「Step-1」の下にある項目「Loads」をダブルクリックして、「Create Load」パネルを**図2-12**①のように表示させます。

　現在の「PrePoMax」では「Load type」において、以下の**4つ**の荷重状態が用意されています。

第2章　基本となる「構造解析」例題の実行と分析

1・Concentrated force：節点に対する集中荷重
2・Moment：モーメント荷重（3次元要素の節点では設定不可）
3・Pressure：表面に対する圧力（表面の法線方向に作用する荷重）
4・Surface traction：物体表面の分布荷重（大きさが面積に比例する荷重）

　ここでは、荷重を設定する対象を、先の設定で項目Surfacesの「load」面として定義しているので、ここに分布荷重を与えるために「Surface traction」を選択します。

　これを選択すると、右側に「Boundary Condition properties」の項目が「Force components」「データ」の2つの項目として表示されます。
　まず下にある「データ」の**2項目**を設定します。

・Name：　設定する荷重条件の名称で、ここでは「load」に変更します。
・Surface：荷重条件を設定する対象の選択で、ここでは先に設定した
　　　　　「load」を「グラフィック・パネル」で位置を**図2-12②**のように赤色表面として確認して「load」を選択します。
　　　　　ちなみに緑色点群は固定条件で、三角錐が固定方向を向いて表示されています。

　以上の設定より、データの項目は**図2-12③**となります。

　対応して「Force components」の項目に**図2-12④**のように、3つの荷重成分（F1/F2/F3）を設定します。

　この例題では荷重面loadに対して「下向き」（Y軸方向負値）として、全体で「-11000N」を設定します。

　「OK」で確定すると、**図2-12⑤**のように「オブジェクト・ブラウザ」のBCs項目に「load」が追加されます。

　ここで「グラフィック・パネル」には**図2-12⑥**のように、設定した荷重

56

2-2 「構造解析」の「材料」と「条件」の設定

面が赤色で、荷重方向が「赤色矢印」で表示されています。

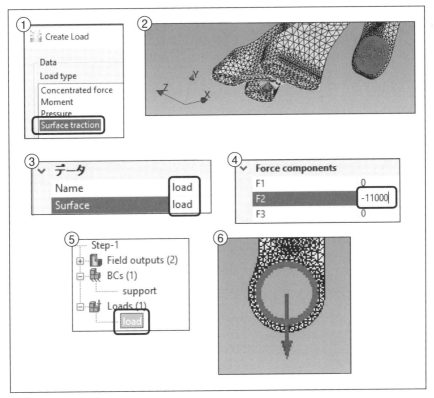

図2-12　荷重条件の設定

＊

なお、境界条件の設定パネルは、バージョンの展開に応じて改良が進められています。

本書で用いる「PrePoMax」の前半「ver0.4.2」と後半「ver0.4.6」、これらの設定方法は異なっているので、異なるバージョンを使って演習するときには、適切に読み替えて設定してください。

第2章　基本となる「構造解析」例題の実行と分析

2-3 「構造解析」の「実行」と「可視化」と「分析」

　これまでに説明した通り、「PrePoMax」は無償で利用できるフリーソフトですが、商用ツールに迫る使いやすさを実現しており、マウス操作だけで簡単に解析設定を完了できました。

　次に、「解析実行」に進みます。

■「PrePoMax」による「構造解析」の「解析実行」

□「オブジェクト・ブラウザ」の一番下の項目「Analyses」をダブルクリックして、「Create Analysis」パネルを**図2-13**①のように表示させます。

＊

　現在の「PrePoMax」では「解析のデータ設定」において、以下の5つの項目が用意されています。

1・**Name**：設定する解析実行の名称で、ここでは「Analysis-1」のまま

2・**Executable**：「PrePoMax」で用いる解析ソルバー「CalculiX」のCCXの指定

　最初の起動時に設定した「PrePoMax」が同梱する以下のプログラムを利用

　C：¥OpenCAE ¥PrePoMax v0.4.2¥Solver ¥ccx_2.10_MT.exe（変更不可）

3・**Executable arguments**：解析実行時の追加設定で、「Analysis-1」のまま

4・**Work directory**：「CalculiX」が実行する時に作業用ディレクトリの指定

　C：¥OpenCAE ¥PrePoMax v0.4.2¥Temp（変更不可）

5・**Number of processors**：解析に用いるプロセッサ（CPUコア）数

　ここでは「1」としておく。

　後の検証で並列処理の効果を確認する。

58

2-3 「構造解析」の「実行」と「可視化」と「分析」

　上記の解析ソルバー「CalculiX」のCCXは、「PrePoMax ver0.4.2」では「ver2.10」が組み込まれています。

　このCCXは「PrePoMax」の更新に対応して、最新版に適宜更新されているので、利用者が独自に交換する必要はないと思います。

＊

□「OK」で確定すると、**図2-13②**のように「オブジェクト・ブラウザ」の「Analysis」項目に「Analysis-1」が追加されます。

　この項目に「赤色三角」の表示は、解析が実行されていないことを表わしています。

□続いて、項目「Analysis-1」を右クリックして、メニュー**図2-13③**より「Run」を選択して解析を実行します。

　解析の状態を示すログを表示する「Monitor」パネルが、**図2-13④**のように表示され、解析を事項し最後に「Job finished ／ Elapsed time [s]: 1.902658」となり完了します。

　解析時間が1.9秒程度となりました。

□パネルを「Close」で閉じると、項目「Analysis-1」に**図2-13⑤**のように緑色のチェックマークが付きます。

　「Monitor」パネルにエラー表示が出た場合には、これまでの解析設定を見直して、再度実行を試みてください。

59

第2章 基本となる「構造解析」例題の実行と分析

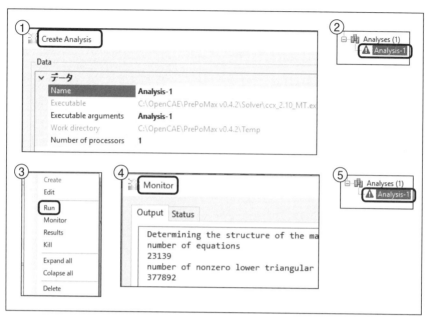

図2-13 「構造解析」の実行手順

■「構造解析」の「結果可視化」と「評価」

以上で解析が正常に完了したら、「結果の可視化」を行ないます。

*

これにはいくつかの方法があって、

---

(1)解析のログを表示した「Monitor」パネルから「Results」ボタンを押す。
(2)項目「Analysis-1」の右クリックメニューから「Results」項目を選択する。
(3)「オブジェクト・ブラウザ」の「Results」タブを押す。

などがあります。

　解析結果として、「オブジェクト・ブラウザ」の「Results」タブが**図2-14**①となり、「グラフィック・パネル」に**図2-14**②が表示されます。

2-3 「構造解析」の「実行」と「可視化」と「分析」

　これは「オブジェクト・ブラウザ」において、「Results⇒Field output⇒DISP」の「ALL」をダブルクリックした状態になります。

*

　「可視化結果」には、「等高線」で色分けされた変形状態を表わした「解析結果の図形表示」と以下の**3つの情報**が表示されています。

1・左側に3方向含めた(ALL)移動量(DISP)の「自動割当」(Automatic)での**カラースケール**
2・下側に設定した「解析名称」「解析事項の日時」「増分解析での回数」「変形図」の**倍率**
3・白い枠は表示した情報を最大値とその場所の**節点番号**

　これらの表示は、左ドラッグで位置を移動させることが可能で、次に示すメニューの「Tools⇒Settings」で表示されるパネルを用いて、削除や調整などができます。

　さらに、「STRESS項目」(応力)から「MISES」を選択し**図2-14**③のようにミーゼス応力を表示し、「TOSTRAIN」(歪度)から「EXX」を選択し、**図2-14**④のようにX面のX方向の歪を表示します。

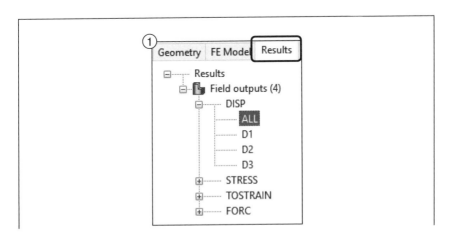

61

第2章 基本となる「構造解析」例題の実行と分析

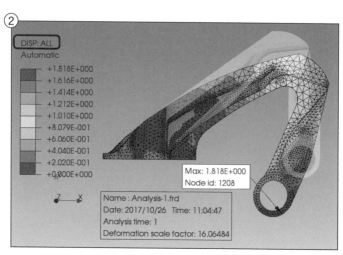

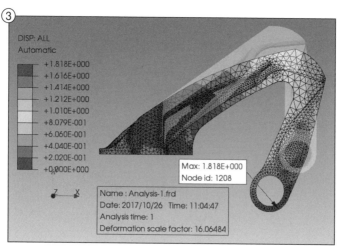

62

2-3 「構造解析」の「実行」と「可視化」と「分析」

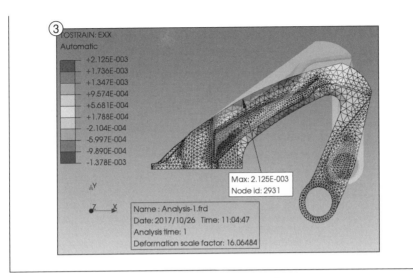

図2-14 解析結果の可視化

□さらに「可視化表示」の詳細の設定を行なうために、メニューの「Tools」から図2-15①の「Setting」を選択して、図2-15②の「Edit Settings」パネルを表示します。

可視化の設定なので「Post-processing」を選択します。

変形図の表示に関しては「Deformation」の項目を見ます。変形前形状の薄い表示を取り消すには図2-15③のように、「Draw undeformed model」の値をTrueから「False」に変更し、「Apply」で適用すると表示が変更します。

また、「Color spectrum values」の項目を見て、最小値の数値と位置を表示するには図2-15④のように、「Show min value location」の設定を「Yes」にして、「Apply」で適用すると表示が図2-15⑤のように追加します。

第2章 基本となる「構造解析」例題の実行と分析

　上が最大値表示ですから、両方を「No」にすれば、最大最小は表示されません。

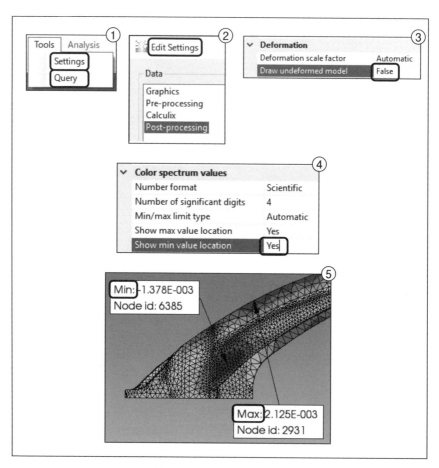

図2-15　可視化結果の調整

＊

　さらに詳細な結果を分析するために、「指定する点での値」を得るための方法を説明します。

□メニューのToolsから図2-15①の「Query」を選択して、図2-16①の「Query」パネルを表示します。

＊

2-3 「構造解析」の「実行」と「可視化」と「分析」

「解析結果」や「解析」に対して、以下の6種類の情報を獲得できます。

1・**Bounding box size**：解析対象全体を囲む枠の大きさを、解析結果の表示下の「ログパネル」に表示する。この場合は以下のような結果になる。

> x: 123.370651721954　y: 87.2422180175781　z: 32.7546691894531

2・**Point/Node**：マウスで指定する節点での表示している種類の値を示す。
3・**Element**：マウスで指定する要素での、設定している種類の値を示す。この歪度TOSTRAINでは要素の情報が無いので、要素IDのみ表示する。
4・**Distance**：マウスで指定した2節点間の距離に関して、変形前と変形後の変化量を示します。変形前の状態が赤色線分で表示される。
5・**Angle**：マウスで指定した3点間の角度に関して、変形前と変形後の変化量を示します。変形前の状態が赤色線分で表示される。
6・**Circle**：マウスで指定した3点による円の半径に関して、変形前と変形後の変化量を示します。変形前の状態が赤色線分で表示される。

最も良く利用するのは「Point/Node」になると思いますが、図2-16①のように選択して、可視化結果のメッシュ表示の節点をクリックすると、橙色の印がついて、たとえば「TOSTRAIN-EXX」では図2-16②のように表示されます。

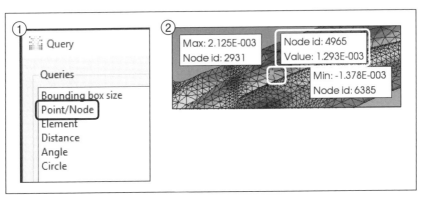

図2-16　指定節点での値の確認

第3章

各種「形状データ」からの「メッシュ」作成手順

　この章では、基本となる「形状デー
タ」の「STL」形式を読み込み、さまざ
まな条件で「メッシュ」を作る手順を演
習します。

　本書では、広く利用されている「ST
EP」の「形状データ」を、「FreeCAD」
で「STL」形式に変換し、「構造解析」
の手順に関する復習を追加しています。

　実践的に「PrePoMax」を活用す
る場合には、このように「形状データ」
の準備が重要です。

第3章　各種「形状データ」からの「メッシュ」作成手順

3-1　「STL形状モデル」からの「メッシュ」作成

　前章の例題では、すでに「メッシュ」が作られた「解析モデル」を用いて、基本的な「弾性解析」を行ないました。

　ここでは3D-CADで作られた「解析モデル」の「形状データ」から、「メッシュ」を作る方法を説明します。

＊

　先に説明した通り、「PrePoMax」では「解析モデル」の「入力用データ」としては、以下の3種類のみが利用できます。

「stl」：　立体的な解析形状を、表面の「三角形」で表わした「形状データ」形式。「3Dプリンタ」などで用いられる

「unv」：　元は商用プリポストツール「IDEAS」の形式。現在は広く共通で使われる「メッシュ」形式となる

「inp」：　Abaqusで用いられる入力データ形式で、「CalculiX」も類似形式を用いて解析設定情報も含む

　この「PrePoMax」での「メッシュ」作成は、「インストール・フォルダ」「C:￥OpenCAE￥PrePoMax v0.4.2」を見ても分かるように、この中に「NetGen」フォルダが作られており、この中にある、「NetGenMesher.exe」を用いて実現しています。

　なお、「NetGen」の詳細は以下を参照ください。

・「NetGen」について
　https://sourceforge.net/projects/netgen-mesher/

＊

3-1 「STL形状モデル」からの「メッシュ」作成

□最初は、動画の通り「形状データ」として用意された「STL」形式データを読みこんで、「メッシュ」の作成を演習します。

□次に、追加の内容として、(本書では3D-CADは扱わないので、)標準的な「形状データ」形式としてウェブから「STEP」形式の「piston.stp」をダウンロードします。

これを「FreeCAD」で読み込んで変換し、「PrePoMax」で利用できる「STL」で出力します。

この形状の「メッシュ」を用いて「構造解析」をする手順を、(復習として)説明します。

■「PrePoMax」による「メッシュ」の作成例①

□まず、「PrePoMax」を、デスクトップのアイコンから起動します。

「オブジェクト・ブラウザ」では、形状を読み込むために、「Geometry」タブを選択します。

> ※　なお、「起動」すると、「終了時の状態」が戻る仕様なので、新しい作業では「File⇒New」を選択します。
> 「現在のモデルを閉じて良いか」を確認されるので「OK」で進めてください。

□次に、「作成例①」のモデルとして用意された「STL」形式の「形状データ」を読み込みます。

そのために、「File⇒Import」で「開く」パネルを開いたら、以下の「PrePoMax」の「インストール・フォルダ」内の「Models」を開きます。

C:￥OpenCAE￥「PrePoMax」v0.4.2￥Models

パネルの右下にあるファイル種類を、「Stereolithographic files (*.stl)」として、図3-1①のようにしてから、対象となる「Plate_with_hole.stl」を選択して、「開く」を押します。

69

第3章 各種「形状データ」からの「メッシュ」作成手順

「グラフィック・パネル」に図3-1②の形状が表示され、「オブジェクト・ブラウザ」には図3-1③のようにPartsの下に項目「Solid-Part-1」が追加されます。

この名称はデフォルトなので、固有の名称に変更します。
そのために、項目「Solid-Part-1」を「ダブル・クリック」すると、図3-1④の「Edit Part: Solid-Part-1」パネルが開きます。

ここで「Name」の項目を「Plate」に変更して、「OK」で確定。

「メッシュ」を作るために、項目「Plate」を右クリックして図3-1⑤のメニューから「Create mesh」を選択します。

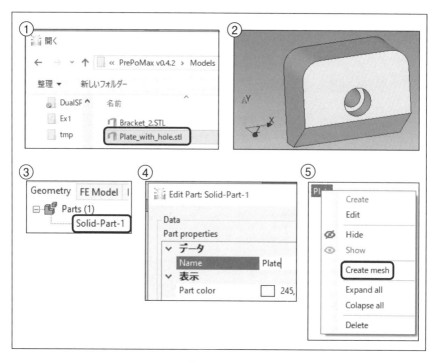

図3-1　「メッシュ」設定の準備

3-1 「STL形状モデル」からの「メッシュ」作成

これによって、図3-2①の「Edit Meshing Parameters: Plate」パネルが開きます。

ここで「メッシュ・サイズ」の設定のため、形状の寸法を確認する必要があります。
そこでこのメッシュ設定のパネルを、いったん、「Cancel」で閉じます。

前章でも利用した「全体形状の寸法確認」として、「ファイル・メニュー」の「Tools⇒Query」を選択して、「Bounding box size」を選択すると、「ログパネル」に以下の結果が表示されます。

```
10/27/17 11:00:26   x: 5.99…   y: 5.00…   z: 3.00…   (末尾は省略)
```

この段階では単位は不定ですが仮にcmとすると6×5×3cmの寸法になります。
「Close」で閉じたら、改めて右クリックメニューから図3-2①の「Edit Meshing Parameters: Plate」パネルが開きます。
全部で5つの項目が設定できます。

> ※ なお、Size項目で想定値が表示されますが、実はこれらは適切な精度の解析結果を得るためには大き過ぎます。
> よって「メッシュ」サイズ設定における上限と考えてください。

Size

1・Max element size：0.3　分割する「メッシュ」の**最大寸法**

2・Min element size：0.06　分割する「メッシュ」の**最小寸法**

　（これらは先に確認した形状寸法から想定値を示しています）

Mesh optimization

3・Optimize「STEP」s 2D：3　2次元「メッシュ」での最適化ステップ数

4・Optimize「STEP」s 3D：3　3次元「メッシュ」での最適化ステップ数

Type

5・Second order：False　これは2次要素の選択で、ここでは否です。

71

第3章　各種「形状データ」からの「メッシュ」作成手順

> ※　なお「有限要素」では、より多くの「節点」をもつ「2次要素」のほうが
> 精度の確保に有利で、「実践的な構造解析」では設定することが多いです。
> ここでは"練習"として「1次要素」で設定します。

*

□まずは「推奨値」で「メッシュ」を作ってみるため、「OK」で進めます。

　ログパネルに計算途中のログが表示されていき、最後に「Points（節点）: 3416／Elements（要素）: 15455」となり、図3-2②のようになります。

*

　それでは、各パラメータを変化させた「メッシュ」の結果をいくつか示します。

Max element size : 0.3 ⇒ 0.1（図3-2③）

Min element size : 0.06 ⇒ 0.02（図3-2④）

Optimize「STEP」s 3D : 3 ⇒ 1（図3-2⑤）

Optimize「STEP」s 3D : 3 ⇒ 10（図3-2⑥）

　以下の「メッシュ」の生成結果を比較検討すると、「設定」において最も大きな影響を与えるのは「Max element size：メッシュの**最大寸法**」であることが分かりました。

3-1 「STL形状モデル」からの「メッシュ」作成

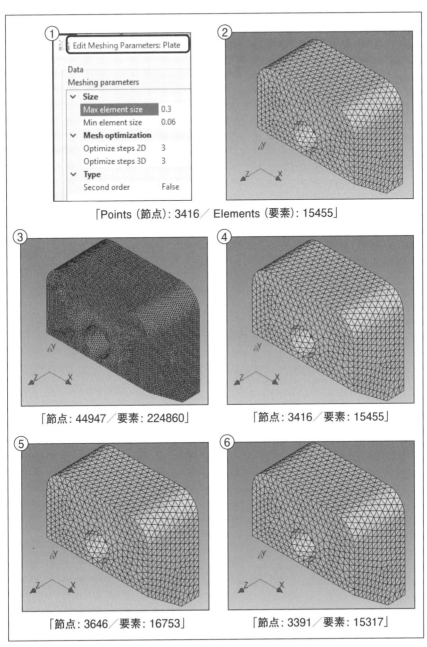

図3-2　各種設定での「メッシュ」の作成結果①

第3章　各種「形状データ」からの「メッシュ」作成手順

■「PrePoMax」による「メッシュ」の作成例②

続いて、動画にある2つ目の作成例を解説します。

＊

□新しい作業では、「File⇒New」を選択して、現在のモデルを閉じてよいかを確認されるので、「OK」で進めてください。

同じ方法で「作成例②」のモデルとして用意された「STL」形式の「形状データ」を読み込みます。

□そのため、「File⇒Import」で「開く」パネルを開き、以下の「PrePoMax」の「インストール・フォルダ」内の「Models」を開きます。

□パネルの右下にあるファイル種類を「Stereolithographic files (*.stl)」として、**図3-3**①のようにしてから、対象となる「Bracket_2.STL」を選択して「開く」を押します。

「グラフィック・パネル」に**図3-3**②の形状が表示されます。

□固有の名称にするため、「オブジェクト・ブラウザ」の「Geometry」タブの「Solid-Part-1」を「ダブル・クリック」して、**図3-3**③のようにNameを「Bracket」に変更。

□「メッシュ」を作るため、項目「Bracket」を右クリックしてメニューから「Create mesh」を選択。

□ここでは「設定」を以下のように変更して、**図3-3**④のようにして、「OK」で進めます。

・Max element size：8.9 ⇒ 3
・Min element size：1.8 ⇒ 1

「ログパネル」に計算途中のログが表示されていき、最後に「Points: 3416／Elements: 15455」となり、**図3-3**⑤のようになります。

74

3-1 「STL形状モデル」からの「メッシュ」作成

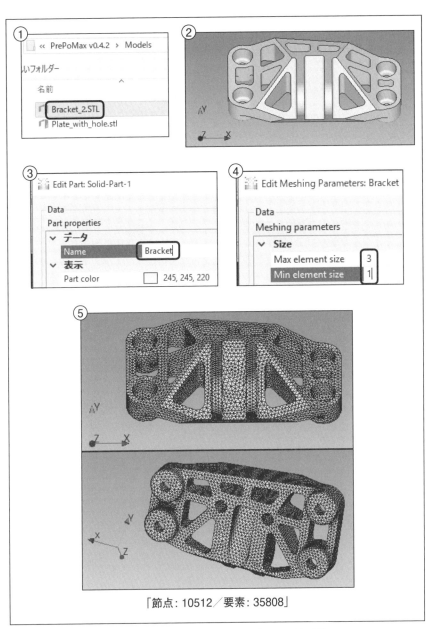

図3-3 各種設定での「メッシュ」の作成結果②

第3章　各種「形状データ」からの「メッシュ」作成手順

3-2 「STEP」形状モデルからの「構造解析」

以下の解析では、「例題」として、ウェブに公開されている「STEP」ファイルをダウンロードして解析します。

ひと通りの「演習」を終えたら、手順を復習するためにも、ぜひ自分で利用しているCADを用い、「STEP」ファイルを用意して「PrePoMax」での「構造解析」を試してください。

*

※　3D-CADを持っていない方は、「ファイル変換」のために、以下でも活用する「FreeCAD」を用いて、「STEP」形式の解析形状を作ることができます。

この「FreeCAD」の使い方を学ぶには、

『基礎からの「FreeCAD」』工学社、坪田遼著

を参考にしてください。

■「STEP」形式からの「メッシュ」の作り方

現時点で「PrePoMax」は、「解析形状」の情報である3D-CADのファイルとして、「STL」形式のみに対応しています。

しかし、「CAE」に関連する3D-CADのデータ形式としては、「STEP」形式などがよく利用されているため、このデータを用いて「PrePoMax」で「メッシュ」を作る方法を解説します。

*

□まず「例題」となる「STEP」ファイルを、以下のサイトからダウンロードします。

Learning CAELinux: Tutorials　⇒
http://caelinux.com/CMS/index.php?option=com_content&task=view&id=20&Itemid=2
（「piston caelinux」のキーワードで検索して辿ることができます）

3-2 「STEP」形状モデルからの「構造解析」

□ファイルを保存するため、「PrePoMax」の「インストール・フォルダ」内の作業フォルダ「C:¥OpenCAE¥PrePoMax v0.4.2¥Work」の中に、「Ex2」を作っておきます。

□上記サイトの、「Piston geometry in STEP format: Download」を探して、この「Download」を右クリックし、「名前を付けてリンク先を保存」を選択します。

> ※　そのままクリックすると、「STEP」ファイルは「テキスト・ファイル」なので、ファイルの内容がウェブに表示されダウンロードできないことがあります。
> （これはChrome ブラウザの方法ですが、他のブラウザでも同様にします）

□上記で作った作業フォルダ「Ex2」の中に、「STEP」形式の「piston.stp」ファイルとして保存します。

*

この「STEP」形式のファイルを「STL」形式に変換するために、**第2章**の「解析に必要となるツールの導入」で対応した「FreeCAD」を用います。

□デスクトップの**図3-4①**アイコンから「FreeCAD」を起動します。

□メニューバーの「ファイル⇒開く」から、保存したフォルダ「C:¥OpenCAE¥PrePoMax v0.4.2¥Work¥Ex2」を開いて、「STEP」形式の解析形状ファイル「piston.stp」を選択して、「開く」を押します。

□上からの形状（灰色の円形）が表示されるので、**図3-4②**の「表示面選択」のボタンで方向を変えて、**図3-4③**のように確認します。

□コンボビューの「モデル」タブで、「piston」をクリックし、**図3-4④**のように選択して、「緑色表示」になるようにします。

77

第3章　各種「形状データ」からの「メッシュ」作成手順

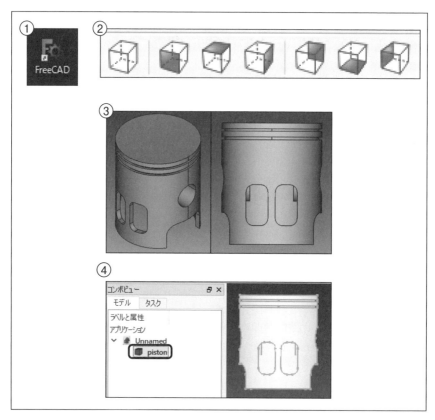

図3-4　「STEP」形式の「STL」形式変換

□次に、「ファイル⇒エクスポート」を選択し、ファイルの種類を「STL Mesh (*.stl *.ast)」に変更して、ファイル名を「piston.stl」と入力し、「保存」します。

□これで「FreeCAD」の作業は終わりなので、右上「×ボタン」で閉じます。

　確認のメッセージに対して、保存せずに終わるときは、廃棄「Discard」です。

*

3-2 「STEP」形状モデルからの「構造解析」

　それでは「PrePoMax」を用いて「構造解析」を行なうために、まずは「メッシュ」を作ります。

□「PrePoMax」をデスクトップのアイコンから起動すると、前回の状態で起動するので「File⇒New」で新規で始めます。

□前節で説明した方法と同様に、「FreeCAD」で変換した「STL」形式の「形状データ」「piston.stl」を読み込むため、「File⇒Import」で「開く」パネルを開きます。

□次に、作業用フォルダ「C: ¥OpenCAE ¥PrePoMax v0.4.2¥Work ¥Ex2」を開きます。

　対象となる「piston.stl」を選択して「開く」を押します。
　「グラフィック・パネル」に**図3-5①**の形状が表示されます。

□「解析モデル」を固有の名称にするため、「オブジェクト・ブラウザ」から、「Geometry」タブのParts項目にある「Solid-Part-1」を「ダブル・クリック」して、「Name」を「Piston」に変更します。

　ここで「メッシュ」生成を行なうためには、「形状の寸法」を確認する必要があります。

□全体形状の寸法確認として、「ファイル・メニュー」の「Tools⇒Query」を選択して、「Bounding box size」を選択すると、「ログパネル」に以下の結果が表示されます。

```
10/27/17 13:57:38   x: 55   y: 55   z: 65
```

　この段階では単位は不定ですが、仮に「mm」とすると、「55×55×65mm」の寸法になります。

79

第3章　各種「形状データ」からの「メッシュ」作成手順

□「Close」で閉じたら、「右クリックメニュー」から「Create mesh」を選択すると、「Edit Meshing Parameters: Piston」パネルが開きます。

「メッシュ・サイズ」のデフォルト値は、「最大：3.3mm」で「最小：0.65mm」となっており、充分な細かさではありませんが、まずこの設定を用いて進め、「OK」ボタンで「メッシュ」を作ります。

「ログパネル」に計算途中のログが表示されていき、最後に「Points: 2649／Elements: 7529」となって**図3-5**②のようになります。

＊

これで「STEP」形式を「FreeCAD」で変換した「STL」形式として、「メッシュ」が作成できました。

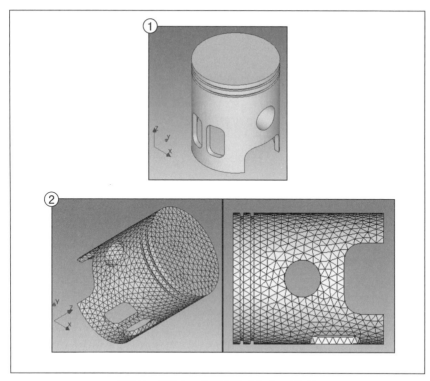

図3-5　「Pistonモデル」と「メッシュ」作成

3-2 「STEP」形状モデルからの「構造解析」

■「Pistonモデル」による「構造解析」演習

せっかくなので、この「メッシュ」を用いて**第2章**「基本となる「構造解析」例題の実行と分析」の「解析手順」を応用して、「構造解析」を行なってみます。

＊

すでに「メッシュ」は作成できているので、ここからは「**2-1 「構造解析」の形状モデルと「メッシュ」**」を参考にして、「Node sets」機能を用いて、固定条件の面を「ピストン・ヘッド」の側面にある2つの円孔の側面に「support」として設定します。

□ここで、「Face angle」を選択して、指定した角度で区切られた面にある節点群を選択。

□円孔の側面を指定する場合には、「10」ではうまく指定できないので、「90」に変更。

□さらに2つの円孔の離れた節点群を指定する時は、**図3-6①**のように「Shiftキー」を押しながら設定。

結果として、Select itemsは「Number of items: 192」となります。

＊

次に、「Node sets」機能を用いて、「荷重条件」の「面」を設定。

これも同様の方法で、「ピストン」の上部の「円形面」に設定。

□「Face angle」を用いますが、この場合の角度は「10」に戻して、**図3-6②**のように選択。

結果として、「Select items」は「**Number of items: 227**」となります。

81

第3章　各種「形状データ」からの「メッシュ」作成手順

　さらに「Sufeces」機能を用いて、「分布荷重」の設定のために、「節点群」を図3-6③のように、面「load」に変換しておきます。

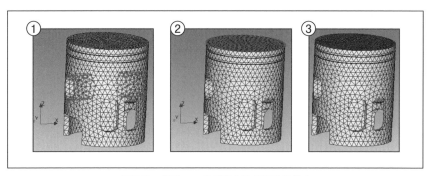

図3-6　「Pistonモデル」の「境界条件」

＊

続いて、「2-2　「構造解析」の材料と条件の設定」を見て設定を進めます。

　「材料」は"通常の鋼"「Steel」とし、「寸法の単位」を、先の「メッシュ」作成時の確認から「mm単位」に、「力」を「N単位」とすると、「ヤング係数」は「210000 N/mm2」(MPa)となります。

　ポアソン比は一般的な0.3として図3-7①のように設定します。

＊

□続いて「解析モデル」「Piston」に、材料設定「Steel」を図3-7②のように割り当てます。

3-2 「STEP」形状モデルからの「構造解析」

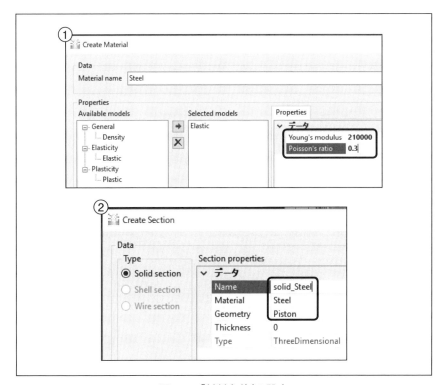

図3-7 「材料条件」の設定

＊

ここからは「解析条件の設定」を行ないます。

□まず「STEPs」の項目を、図3-8①のように設定。

ここで作られた「STEP-1」の部分項目として、まず「BCs」を図3-8②のように設定し、次に「Loads」を図3-8③のように設定。

□「荷重」としては「Z方向」の「下向き」に「1000kgf = 9800N」とします。

＊

以上の設定の結果をグラフィック表示すると図3-8④のようになります。

第3章 各種「形状データ」からの「メッシュ」作成手順

　「ピストン・ヘッド」の「上面」に下向きの「**荷重条件**」が選択された「**赤色**」で表示され、「**固定条件**」は固定する部分の点と方向の円錐が「**緑色**」で表示されます。

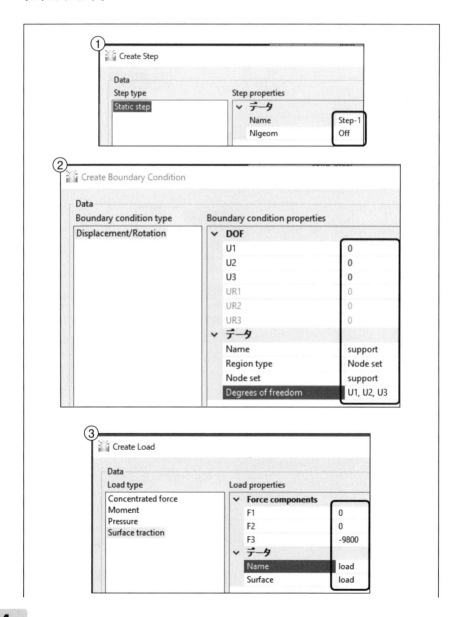

3-2 「STEP」形状モデルからの「構造解析」

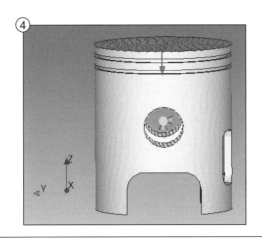

図3-8 境界条件の設定

＊

　以上で設定が完了したので、「2-3　「構造解析」の実行と可視化と分析」に従って「構造解析」を実行します。

　設定としては、2-3と同様に図3-9①のように行ない、項目「Analysis-1」の「右クリックメニュー」から「Run」を選択して実行します。

　要素数の少ない「解析モデル」なので、すぐに終了します。

　「解析のログ」を表示する「Monitor」パネルの「Results」ボタンを押すと、「解析結果」が表示され、変形図が図3-9②、応力図が図3-9③のようになります。

＊

　以上のように、「変形図」に「応力分布」を重ねて表示が確認できます。

＊

　少し「変形状態」が極端に表現されていますが、これは「Deformation scale factor」が自動設定で「813」と大きな値になっているためです。

　これを変更するには、

85

第3章　各種「形状データ」からの「メッシュ」作成手順

［1］メニューバーより「Tools⇒Settings」を選ぶ。

［2］「Edit Settings」パネル、「Post-processing」項目のDeformationにおいて、「Deformation scale factor」の「Automatic」を「User defined」に変更。

［3］図3-9④のようにValueを「200」にして、「Apply」を押す。

これで、図3-9⑤のように表示されます。

　このように普段使っている3D-CADから、3次元形状の「STEP」ファイルさえ用意できれば、「FreeCAD」で「STL」形式に変換して、「PrePoMax」で簡単に「構造解析」ができます。

　最近では「3Dプリンタ」の普及で、「STL」形式は非常に一般的になっているので、いろいろな方法で準備できると思います。

　そうなると普段は「構造解析」など行わない「Windows-PC」でも、思い立ったときに「PrePoMax」をダウンロードして「構造解析」ができます。。
＊
　この「PrePoMax」は、「プリ」「ソルバ」「ポスト」が全て統合された状態で、ダウンロードファイルは50MB以下ですし、インストーラーがないので、管理者権限がなくても展開してすぐに起動できます。

　このような手軽に利用するための条件を備えた「PrePoMax」は、これまでの大袈裟なCAEに比べて、誰でもいつでも活用できる優れたツールだと思います。

86

3-2 「STEP」形状モデルからの「構造解析」

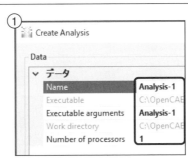

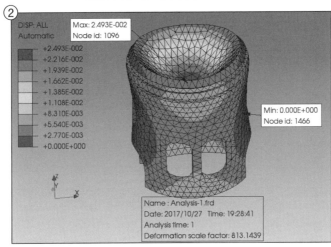

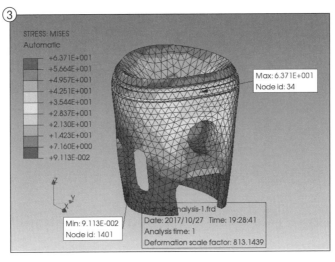

第3章　各種「形状データ」からの「メッシュ」作成手順

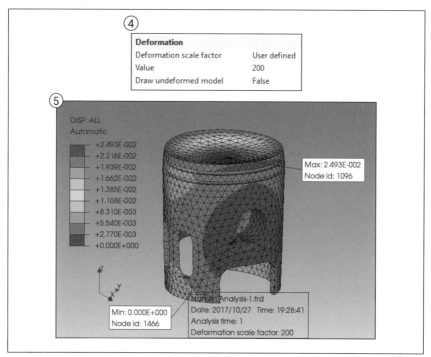

図3-9　Pistonの可視化結果

第4章

「スクリプト」を修正する
「弾塑性 解析」の例題

「構造解析」の基本設定として、「PrePoMax」のマウス操作のみで「弾性材料」を設定して応力解析を行ないます。

次に、「解析情報」の「INP形式」を修正することで「弾塑性 材料」を設定してみます。

この場合には、「塑性状態」での詳細な応力の状態を調べることができます。

このように「PrePoMax」では「GUI設定」ができない機能でも、「INP情報」を直接修正して対応できます。

第4章　「スクリプト」を修正する「弾塑性 解析」の例題

4-1　「PrePoMax」の「マウス操作」による「解析設定」

ここでは「実践的な構造解析」の「練習」として、「弾塑性 解析」を行なってみます。

実は、ここで用いる「PrePoMax ver0.4.2」はツールのGUIだけでは「弾性解析」にしか対応していません。

材料の「弾塑性 特性」を設定するためには、「解析入力情報」の「INPファイル」を、「手作業」で修正する必要があります。

しかし、心配は無用です。

「PrePoMax」では「INPファイル」を効率良く修正するツールを備えています。

ですから、「INPファイル」を簡単に変更して「弾塑性 解析」を実現できます。

また「INPファイル」は、細かな点で「Abaqus」と「CalculiX」では異なっています。

そのため、「PrePoMax」では、それを区別してそれぞれに合った形式での出力も可能です。

なお、この「INPファイル」は、「Abaqus」という商用の「非線形有限要素法解析」ツールの「入力形式」として作られたものです。この「PrePoMax」の解析ソルバー「CalculiX」は、この形式に準拠しています。

ファイルの内容としては「解析対象」の「形状」や「メッシュ」に加えて、「固定」や「荷重」や「材料」などの「解析設定」なども含んでいます。

この1つのファイルに、解析に必要な情報を、すべて含んでいます。

4-1 「PrePoMax」の「マウス操作」による「解析設定」

■「PrePoMax」の「起動」と「メッシュ・データ」の読み込み

それでは、動画の内容に従って、「弾塑性 解析」の手順を説明します。

*

□まず、「PrePoMax」をデスクトップのアイコンから起動します。

「オブジェクト・ブラウザ」では、「解析形状」を「INP形式」で読み込むため、「FE Model」タブを選択します。

*

なお、起動すると、前回の終了時の状態に戻る仕様なので、新しい作業では「File⇒New」を選択します。このとき「現在のモデルを閉じてよいか」を確認されます。

「OK」で、「新規の設定」を進めてください。

*

□「メニュー・バー」から「File⇒Import」で「開く」パネルを表示します。

「PrePoMax」をインストールしたフォルダ内の「例題」の形状をまとめた「Models」フォルダ「C:￥OpenCAE￥PrePoMax v0.4.2￥Models」を開きます。

□この中にある「例題」のデータ「TensileSample.inp」を、**図4-1**①のように選択して、「開く」を押します。

「グラフィック・パネル」に**図4-1**②のように「引張試験」用の形状が、すでに細かな「メッシュ」が作られた状態として、表示されます。

□「メッシュ」形状の名称を固有の名前に変更するために、「オブジェクト・ブラウザ」の「Solid-Part-1」の項目を「ダブル・クリック」します。

□「Edit Part: Solid-Part-1」パネルが開いたら、**図4-1**③のように「Name」を「Sample」に変更して、「OK」で閉じます。

念のため、「解析モデル」の寸法を確かめます。

□「メニュー・バー」の「Tools⇒Query」から**図4-1**④の「Query」パネル

91

第4章 「スクリプト」を修正する「弾塑性 解析」の例題

を表示します。
　すると、「Bounding box size」を見るとログパネルに、以下の表示が出ます。

```
10/28/17 11:38:58   x: 40   y: 4   z: 199.999988555908
```

　これを見ると、単位を「mm」と想定して、「板幅40mm・厚さ4mm・長さ200mm」であることが分かります。

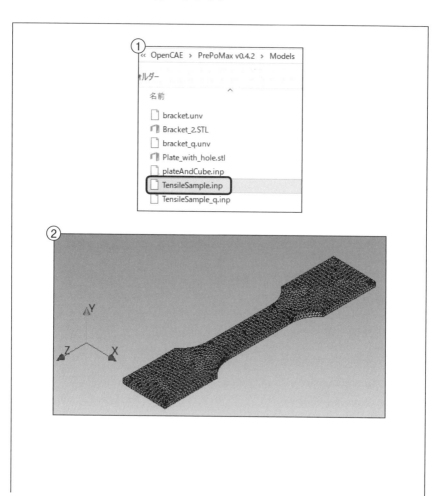

4-1 「PrePoMax」の「マウス操作」による「解析設定」

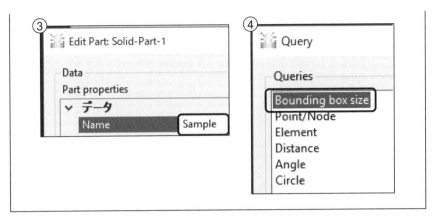

図4-1 「例題」形状データの読み込み

■「解析対象」の「メッシュ・モデル」の設定

　この解析では、「モデル」を「試験片」の「長手」の「Z軸方向」に引っ張ります。

　そこで、「Z軸座標」の「大きな(+方向を向く)ほうの断面」(図4-1②の手前側)を「固定条件」とします。

　そして、「反対の断面」(図4-1②の向こう側)を「強制変位」とし、「境界条件」として、2つの「拘束条件」を設定します。

　これまで扱った荷重は設定しません。

＊

□まず、「固定条件」を設定するために、「オブジェクト・ブラウザ」の「Node sets」を「ダブル・クリック」して、図4-2①の「Node set properties」パネルを表示。

□Nameを「Support」に変更し、「Select items」は「Empty」をクリックして、…ボタンを押し、「Set selection」パネルを開きます。

□面状の「点群」を設定するので「Face angle」を選択。
　「角度」は「10deg」のままにし、図4-2②の「赤色」で示す「断面」をクリック。

第4章 「スクリプト」を修正する「弾塑性 解析」の例題

　　選択できたら、「OK」で確定。

　　これで「Select items」は、「**Number of items: 69**」となります。
　　さらに、「OK」で確定。

□続いて、「強制変位」を設定するために、「オブジェクト・ブラウザ」の「Node sets」を「ダブル・クリック」し、図4-2③の「Node set properties」パネルを表示。

□Nameを「Load」に変更し、「Select items」は「Empty」をクリックして、…ボタンを押し、「Set selection」パネルを開きます。

□「面状の点群」を設定するので、「Face angle」選択。
　　「角度」は「10deg」のままにして、図4-2④の「赤色」で示す「断面」をクリック。

　　選択できたら「OK」で確定。

　　これで「Select items」は「**Number of items: 73**」となります。

　　さらに「OK」で確定。

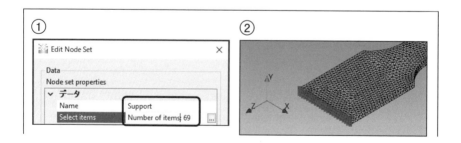

4-1 「PrePoMax」の「マウス操作」による「解析設定」

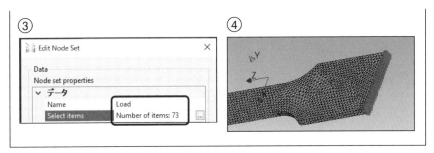

図4-2　固定と荷重の境界条件の設定面

■「解析モデル」の「材料特性」の設定

この「解析モデル」の材料は「S235鋼」とします。

□この「物性値」を設定するため、「Materials」を「ダブル・クリック」して、図4-3①の「Create Material」パネルを表示します。

＊

「Material name」は「S235」とします。この「例題」は「弾塑性 解析」を目標にしています。

しかし、まずは動画の説明に従い、「弾性 解析」として、材料の「弾性特性のみ」を設定します。

そこで、「Available models」の「Elasticity」にある「Elastic」を選択。
⇒ボタンを押して「Selected models」に設定すると、右側に「Properties」の欄が出来るので、ここに以下のように設定します。

```
Young's modules（ヤング係数）：210000　（単位はMPa=N/mm2)
Poisson's ratio（ポアソン比）　：0.3　（単位なし）
```

「OK」で各指定をすると、「オブジェクト・ブラウザ」に「S235」が追加されます。

＊

□続いて、この材料特性「S235」を、解析モデル「Sample」に割り当てます。

第4章　「スクリプト」を修正する「弾塑性 解析」の例題

「オブジェクト・ブラウザ」の「Sections」を「ダブル・クリック」して、図4-3②の「Create Sections」パネルを表示します。

「Type」は「Solid section」にチェックを入れて、「Section properties」のデータ欄の「Name」を「Solid」に変更。
あとは、そのままで「OK」によって確定します。

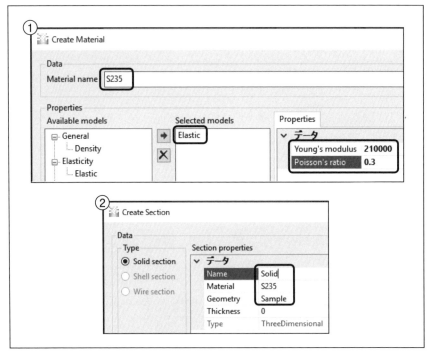

図4-3　材料情報の設定

＊

作業がひと段落したので、「PrePoMax」での解析設定の状態を保存します。

初めて保存するときには保存ファイル名を決めます。
メニューの「File⇒Save As」を選択して、解析作業用フォルダ「C:

4-1 「PrePoMax」の「マウス操作」による「解析設定」

￥OpenCAE￥PrePoMax v0.4.2￥Work」の中に「Ex3」フォルダを作成。
この中にファイル名「Ex3-1」として、ファイルの種類は「PrePoMax fil
es (*.pmx)」として「保存」を押します。

　一度、保存するファイル名が決まれば、途中の状態の保存はメニューの
「File⇒Save」を選択するか、ツールバーのフロッピーディスクのボタン
（左端から4つ目）を押すと、上書き保存できます。

　なお、「PrePoMax」は、自動的に「解析設定」の状態を保存しているので、
手動の保存は必須ではありませんが、不測の事態に備えて、これ以降も節
目で上書き保存しておくことをお勧めします。

第4章 「スクリプト」を修正する「弾塑性 解析」の例題

4-2 「弾性解析」の「実行」と「結果」の「可視化」

■「解析条件」の「設定」と「解析」の「実行」

□まず、「解析設定」の枠組みを作るため、「オブジェクト・ブラウザ」の項目「Steps」を「ダブル・クリック」します。

□「Step type」は「Static step」のみ選択可能として選択し、右側の「Step properties」の項目はそのままで、**図4-4①**のように設定して、「OK」で確定。

　この解析設定項目「Step-1」に含まれる2つの条件「BCs」「Loads」の中で、今回は「固定条件」と「強制変位」なので、「BCs」に、これら2つの「境界条件」を設定します。

□まず、「固定条件」を設定するので、「BCs」を「ダブル・クリック」して図4-4②の「Create Boundary Condition」パネルを表示。

　「Boundary condition type」としては、「Displacement/Rotation」のみが選択可能なので、クリックすると、右側に「Boundary condition properties」欄が表示されます。

　「データ欄」の「Name」は、「Support」に変更。
　「Node set」が「Support」であることを確認したら、「Degree of freedom」の「None」をクリック。
　$\boxed{\text{V}}$ ボタンから、拘束する自由度「U1」「U2」「U3」の3つを選択します。

　これによって「DOF」欄の3つの自由度の変位が「0」となり、「固定条件」が設定されたので、「OK」で確定します。

98

4-2 「弾性解析」の「実行」と「結果」の「可視化」

□次に、強制変位を設定するので、「BCs」を「ダブル・クリック」して図4-4③の「Create Boundary Condition」パネルを表示。

　「Boundary condition type」としては、「Displacement/Rotation」のみが選択可能なので、クリック。
　すると、右側に「Boundary condition properties」欄が表示されます。

*

「データ欄」の「Name」は「Load」に変更します。

　「Node set」を「Load」に変更したら、Degree of freedom の None をクリック。
　Ⅴ ボタンから、設定する自由度「U1」「U2」「U3」の3つを選択します。

　「DOF」欄に「強制変位」を設定するために、今回の「引張試験」では「強制変位」する面を、「Z軸」負方向に「1mm」変形させるので、「U3」自由度の値を「-1」とし、「OK」で確定します。

*

　以上の**2つ**の**拘束条件**の結果は、「グラフィック・パネル」では**図4-4④**のように表示されます。

　「固定条件」は、「**緑色**」で設定する「**点群**」と、固定する方向を向いた「**円錐**」となります。

　「強制変位」は、最後に指定したので、「**赤色**」で設定する「**点群**」と、固定する方向の「**円錐**」と、「強制変位」の「**矢印**」になります。

> ※　なお、これらの色は「PrePoMax」では、「標準の設定」としては、「指定対象」が「赤色」で、「固定条件」が「緑色」で、「荷重条件」が「青色」となります。
>
> 　これらは、メニューの「Tools⇒Settings」で、確認や変更ができます。

第4章 「スクリプト」を修正する「弾塑性 解析」の例題

＊

□続いて「解析実行」の設定を行なうので、「オブジェクト・ブラウザ」の項目「Analyses」を「ダブル・クリック」して、図4-4⑤の「Create Analysis」パネルを表示します。

今回は「Number of processors」を変更して「並列処理」を試してみます。

利用しているPCで並列処理を行なうには、CPUのコア数を調べる必要があります。

＊

□「Windows10」では、「タスク・バー」を右クリックして、メニューから図4-4⑥の「タスク・マネージャー」を選択。

> ※ 簡易表示でプログラム名しか表示されない場合は、左下の「詳細」ボタンを押して「パフォーマンス」タブの「CPU」項目を見ます。すると、「CPU」の「物理コア数」と「論理プロセッサ数」が表示されます。

今回は論理プロセッサ数の「4」とし、「OK」で確定します。

＊

本来の性能を追求する「並列処理」では、「物理コア数」の「並列処理」を行なうのが普通です。

しかし、第8章で詳しく解説しますが、「PrePoMax」ではパソコンを用いた手軽な「並列処理」を目的として、「CalculiX：CCXソルバー」のマルチスレッド並列処理を行ないます。

そのため、論理プロセッサ数まで利用しても、ある程度の性能向上が期待できます。

100

4-2 「弾性解析」の「実行」と「結果」の「可視化」

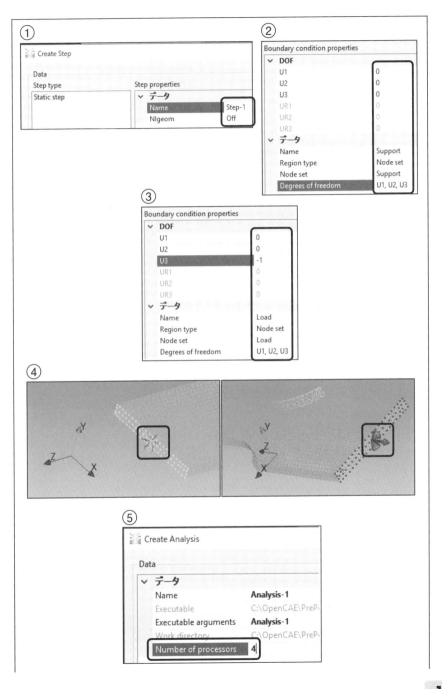

第4章 「スクリプト」を修正する「弾塑性 解析」の例題

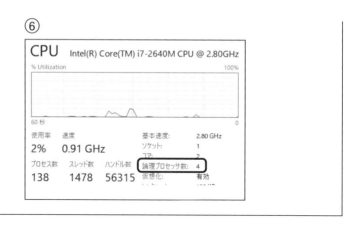

図4-4 「弾性解析」の設定と実行

すべての設定が終わり、解析を実行します。

＊

□「オブジェクト・ブラウザ」の項目「Analyses-1」を右クリックして、メニューから「Run」を選択します。

「解析状態」は先に一度ファイルに保存してあるので、そこに上書きしてよいか確認があれば、「OK」で進めます。

このPC（CPU：Intel Core i7-2640 2.8GHz）では、「1.87秒」ですぐに解析が完了しました。

4-2 「弾性解析」の「実行」と「結果」の「可視化」

■「解析結果」の「可視化」と「分析」

解析実行したときにログを表示する「Monitor」パネルにおいて、右下の「Results」ボタンから「解析結果の可視化」に進みます。

*

□まず、「変形図」が「グラフィック・パネル」に**図4-5①**のように表示されます。

変形倍率が以前に設定した「User defined（ユーザー定義）：100倍」となっており、このような極端な変形になります。

ただし、カラースケールで見ると、強制変位で設定した変位量は「1mm」となっています。

□これを、「メニュー・バー」の「Tools⇒Settings」から、「Edit Settings」を開いて、**図4-5②**のように「Deformation」の「Value」項目を「10」に変更。
「Draw undeformed model」の変形前形状の表示をやめるために「False」に、します。

□次に、応力「STRESS」の「MISES」から「ミーゼス応力」を確認すると、**図4-5③**のように表示されます。
最大値が「1.710E+003」となり、「1710N/mm2」(MPa)となることが分かります。

*

しかし、「S235鋼」は名前のとおり「235MPa」で降伏するわけで、この「1mmの強制変位」では、「弾塑性状態」になるはずです。

> ※　ちなみに、最大値は**図4-5④**のくびれた「赤色」の部分になります。
> この図は変形した状態に、応力の値で色分けされています。

念のため、「固定条件」（緑色）と「強制変位」（赤色）を**図4-5⑤**に示しておきます。

103

第4章 「スクリプト」を修正する「弾塑性 解析」の例題

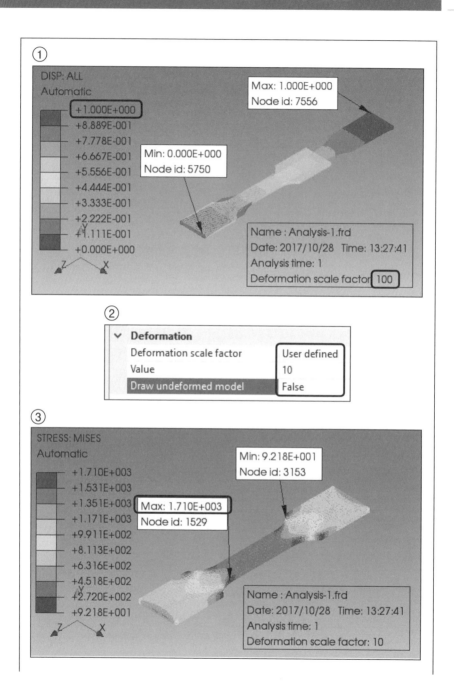

104

4-2 「弾性解析」の「実行」と「結果」の「可視化」

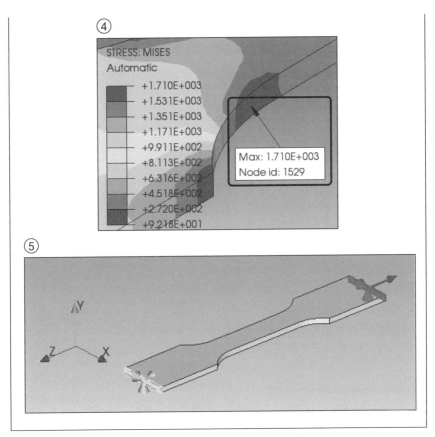

図4-5 「弾性解析」の可視化と分析

第4章　「スクリプト」を修正する「弾塑性 解析」の例題

4-3　「弾塑性 解析」の「設定」と「実行」「可視化」

■「弾塑性 解析」への「変更」と「実行」

　以上の分析によって、「強制変位1mm」では、この解析モデルは降伏して「弾塑性状態」になります。

　そのため、「材料特性」を変更して、「弾塑性 解析」に変更します。

＊

□「オブジェクト・ブラウザ」の「FE Model」タブにして、**図4-6**①のように「メニュー・バー」より「Edit⇒Edit CalculiX keywords」を選択。

　図4-6②の「CalculiX keywords editor」パネルを開きます。

□左側が図に示した「CalculiX keywords tree」で、右に**図4-6**③の「Edit selected keywords」「Read-only CalculiX input file」が上下に並びます。

□このツールを用いた「INPファイル」の編集では、以下の3つの部分を使い分けて編集作業を行ないます。

1・左端：CalculiX keywords tree

　　…「INPファイル」全体の構成変更や修正部分の指定

2・右上：Edit selected keywords

　　…指定した「INPファイル」の部分を具体的に修正

3・右下：Read-only CalculiX input file

　　…編集結果の「確認専用部分」

□自由に「INPファイル」を修正するのは、いろいろな知識が必要になるので、ここでは動画で示された修正についてのみ説明します。

　なお、「CalculiX」の「INPファイル」については、以下のウェブ資料が参考になります。

> ・「翻訳版：CalculiX CrunchiX ユーザーマニュアル バージョン 2.10」
> 　http://open-shelf.appspot.com/CalculiX/ccx-doc/ccx.html

4-3 「弾塑性 解析」の「設定」と「実行」「可視化」

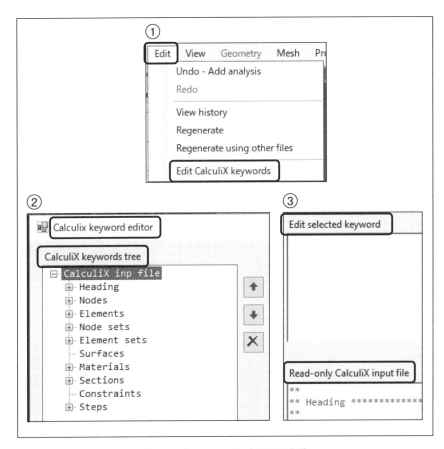

図4-6 「INPファイル」の修正方法

具体的な修正手順は、以下のとおりです。

[1] 材料特性に弾塑性を追加。
　「INPファイル」のツリー表示から、「Material」の 田 ボタンを押して展開。
　さらに「*Material, name=S235」も展開して、図4-7①のように項目「*Elastic」を選択。

第4章　「スクリプト」を修正する「弾塑性 解析」の例題

[2]図4-7②に示すように、編集対象のキーワードが、右下に「赤色」で表示
　される。

　実際の変更は、右上の「Edit selected keywords」で行なう。

　現在は設定済みの以下の弾性特性のみ。

*Elastic ／210000, 0.3

[3]新しく「塑性状態」の設定を追加。

　パネルの左下の「Add keyword」を押して右上「Edit selected keywor
　ds」を追加状態にする。

表示が「User data」に変るので、それを置き換えて以下のような塑性状態
　の設定を入力。

*Plastic
235, 0.0
400, 0.2

> 「翻訳版：「CalculiX」CrunchiX ユーザーマニュアル バージョ
> ン 2.10」によると、「*Plastic」は、「塑性材料の特性」の設定のキー
> ワードです。
>
> 　この後に「塑性特性」を表す折れ線において、各行に折れ点に
> 対応する「ミーゼス応力」「相当塑性歪」を記述します。
>
> 　ここでは温度情報は省略して考えます。
>
> 　つまり、降伏点で「応力：235MPa・塑性歪：0.0」で、次の点（最
> 後）が「応力：400MPa・塑性歪：0.2」となり、「バイリニア型」の
> 塑性特性になります。
>
> 　ちなみに、降伏点の歪は、「ヤング係数E=210000MPa」なので
> 「$\sigma＝E・\varepsilon$」より「0.00112」となります。

4-3 「弾塑性 解析」の「設定」と「実行」「可視化」

この修正を行なうと、**図4-7③**のようになります。
修正が完了したら「OK」で確定。

これより「オブジェクト・ブラウザ」の「FE Model」タブの最初が**図 4-7④**のように「Model (User keyword: 1)」となります。

[4] 次に、「弾塑性 解析」として「出力情報」を追加。
「オブジェクト・ブラウザ」の「Step⇒Step-1⇒Files outputs(2)」と展開すると、**図4-7⑤**のように2つの項目「NF-Output-1」「EF-Output-1」がある。

1・**NF-Output-1**：Node Field節点関連の解析結果
2・**EF-Output-1**：Element Field要素関連の解析結果

ここでは、要素の「塑性歪」を出力するので、項目「EF-Output-1」を「ダブル・クリック」して、**図4-7⑥**の「Edit Field Output: EF-Output-1」パネルを表示。

「File output properties」のデータにおいて「Variable to output」の値「E, S」をクリック。

□V ボタンから、「PEEQ (相当塑性歪)」にチェックを入れて変更して「OK」で確定。

109

第4章 「スクリプト」を修正する「弾塑性 解析」の例題

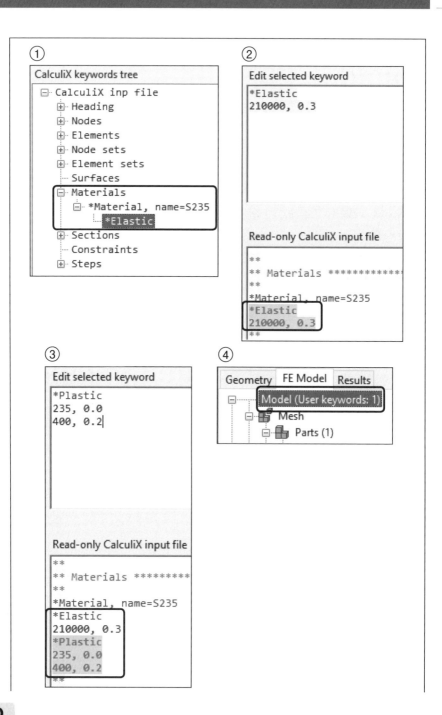

4-3 「弾塑性 解析」の「設定」と「実行」「可視化」

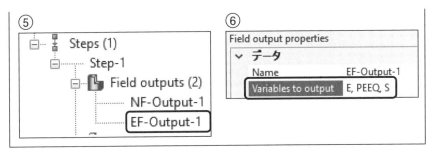

図4-7 「INPファイル」の修正内容と修正手順

*

これで「弾塑性 解析」を実行できます。

同じように、「オブジェクト・ブラウザ」の「Analysis-1」を右クリックしたメニューの「Run」を実行。

上書きの確認には、「OK」で進めます。

この「弾塑性 解析」の場合、すぐには計算が終了せず、「Monitor」パネルには何度も同じようなメッセージが出てきます。
解析時間も「38.24秒」となり、予備的に行なった弾性解析の「1.87秒」と比べて20倍もの計算時間がかかっています。

解析のログを見ると、以下のように、「increment 14」（増分14回目）となっています。
これに対して、iteration 1…2（収束2回目）として、「弾塑性特性」を考慮するために「非線形解析」となり、「増分収束計算」を行なったために計算時間が長くなったことが分かります。

```
increment 14 attempt 1
increment size= 2.722168e-02
    :
iteration 1  …
iteration 2  …
```

第4章 「スクリプト」を修正する「弾塑性 解析」の例題

「弾塑性 解析」が完了したので、「Monitor」パネルの右下「Results」ボタンで「解析結果」を「可視化」します。

■「弾塑性 解析」の「結果」の「可視化」と「分析」

まずは、「DISP」として、変形の状態が、**図4-8①**のように表示されます。

「色の分布」は「弾性解析」と同じように見えますが、「赤色」の「最大変位」が「6.250E-002mm」つまり「0.0625mm」となっています。

これは「強制変位1mm」の「16分の1程度」になっており、増分計算14回においては、単純に強制変位の1mmを「14等分」するのではなく、「自動調整」しながら「増分計算」を行なっていると思われます。

*

この「各増分ステップ」の状態を見るには、**図4-8②**のように「グラフィック・パネル」の上にある「Step Increment」の部分で制御します。

> ※　なお、「ステップ0」は「初期状態」です。
> 「最終ステップ14」の場合には、**図4-8③**のようになり、「強制変位1mm」が作用していることが確認できます。

*

□次に、「弾塑性特性」で設定した「降伏応力」について確認してみます。

解析結果の「STRESS」の「MISES」を「ダブル・クリック」で選択します。

「ステップ1」では**図4-8④**のように「最大応力」が「106.9MPa」となり、「ステップ3」では**図4-8⑤**のようにくびれた部分の最大応力が「234.9MPa」となり細い部分がほとんど降伏しています。

「ステップ8」では、**図4-8⑥**のように最大応力も降伏後の硬化によって若干増加して、最後の「ステップ14」では**図4-8⑦**のようになります。

112

4-3 「弾塑性 解析」の「設定」と「実行」「可視化」

※ なお、「カラーバー」は、ステップごとの最大値で色分けされているので、「赤色」の部分が変わっていないように見えます。

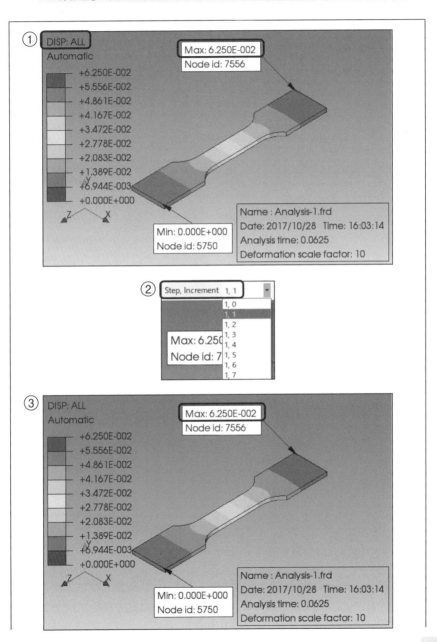

第4章 「スクリプト」を修正する「弾塑性 解析」の例題

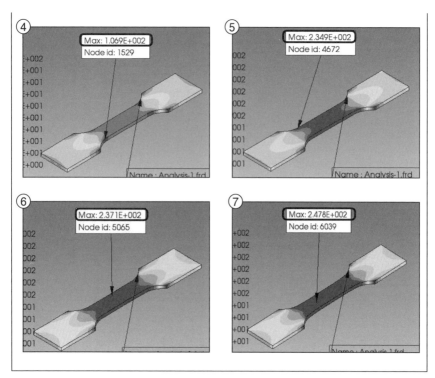

図4-8 「増分ステップ」における「応力結果」

＊

最後に、「解析結果」として追加した「PEEQ（相当塑性歪）」を確認するため、解析結果の「PE」を選択します。

「ステップ1」では図4-9①のように「弾性状態」なので「塑性歪」はありません。

ところが、「ステップ3」では図4-9②のように、くびれと円弧の境界で塑性歪が発生し、先に計算した降伏歪み「0.00112」の値から超えた分の塑性歪「1.339E-004」が発生しています。

「ステップ8」では図4-9③のように、くびれの中央部で塑性歪が集中して「2.514E-003」となり、最後の「ステップ14」では図4-9④のように、歪の集中部分が増加して最大値は「1.546E-002」となります。

4-3 「弾塑性 解析」の「設定」と「実行」「可視化」

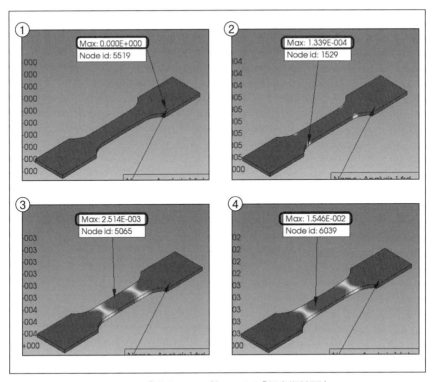

図4-9 「増分ステップ」における「相当塑性歪」

※ なお、このようにステップごとに「カラーバー」の「最大値の色」が変化するのは、メニューの「Tools⇒Settings」のPost-processingのColor spectrum valuesの項目で、「Min/max limit type」が「Automatic」になっているためです。

これを「Manual」に変更して、「最大値」と「最小値」を指定すれば、すべてのステップで同じ割り当ての色で表現できます。

第5章

「簡単な接触」を考慮した
基本的な「接触 解析」

　ここでは、「球体」と「平板」の「接触
問題」を扱います。

　最初は、「接触条件」が不完全なため
に、強制変位で移動して、物体が重なる
状態になります。しかし、「解析情報設
定」の「INPファイル」に「接触条件」を
追加することで、正しい「接触解析」を
実現しています。

　現時点の「PrePoMax」では、「Calc
uliX」の機能のすべてを、GUI操作で
設定することはできませんが、「INP修
正ツール」で対応可能です。

第5章　「簡単な接触」を考慮した基本的な「接触 解析」

5-1　解析に必要な「ツール」の更新

　ここまで「PrePoMax」の基本的な「解析手順」を学んできましたが、「商用構造解析ツール」に迫る使い易さだと実感できたと思います。

　そこで気になるのが、「PrePoMax」を業務に利用して良いのか、という「ライセンス」の心配です。

　実は「公式サイト」を見ても、ツールの「ヘルプ」を見ても、「ライセンスの規定」が明記されていません。

　しかし、本書を執筆するにあたって、開発者のMatej（マティ）氏にメールで確認したところ、利用の用途に制限は設けておらず、本書に対しても、例題データの提供や、YouTubeの例題解説動画の参照について、ご快諾を得ることができました。

　また、別の発言では、「PrePoMax」の商業利用についても許諾しており、本書の元となった資料を用いての共同研究やコンサルティング活動も認めていただいています。

　よって、本書作成時点では、「PrePoMax」を業務で利用することは問題がないものと理解しています。

5-1 解析に必要な「ツール」の更新

*

ここでは、以前に導入した「旧版」の「PrePoMax」を、「最新版」に更新する方法を説明します。

この内容は、**第1章**で説明した方法によって、インストールした「Ver0.4.2」など旧版の更新となります。

独自の手順で導入した場合には、設定内容を読み替えて参考にしてください。

> ※　なお「PrePoMax」の開発と公開の状況は、公式サイトの「FEM Features：ソルバーの機能更新」「User Features：プリポストの機能更新」にまとめられています。

たとえば、「ソルバの機能」において、前半で用いた「ver0.4.2」からここで導入する最新版「ver0.4.6」で大きく追加された機能として、「主応力計算」と「主応力表示」が可能となっています。

> ※　実は校正時点では、「ver0.4.7」が最新版として公開され、「重力」などの「体積力」の設定機能、「材料情報」の「ライブラリ登録」などが追加されています。

■旧版の「PrePoMax」を削除する

第1章で説明した手順では、Cドライブ直下の「C:￥OpenCAE」の中に、「PrePoMax v0.4.2」フォルダを作って導入しています。

この「PrePoMax」は、インストーラーで導入していません。

レジストリなども関係なく、「Windowsシステム」にある「プログラムのアンインストール」とも無関係なので、単純に、この「フォルダ」を丸ごと削除します。

第5章 「簡単な接触」を考慮した基本的な「接触 解析」

　さらに、デスクトップ上の「PrePoMax」の「ショートカット」も削除します。

＊

　ただし、**第1章**で解説した方法で解析環境を構築した場合には、「解析作業」用フォルダ「C: ¥ OpenCAE ¥ PrePoMaxv0.4.2 ¥ Work」を作っていると思います。

　この中には「解析情報」の「保存フォルダ」として「Ex1〜 Ex3」などがあるはずです。

　これを継続して利用するには、

[1]いったんデスクトップの「Work」ショートカットを削除してから、「Work」フォルダをデスクトップなどに移動しておいて、

[2]インストールフォルダの「PrePoMax v0.4.2」を削除してから、

[3]以下で新しくインストールして作ったフォルダ「PrePoMax v0.4.6」の中に「Work」フォルダを戻します。

> ※　ここでは、「PrePoMax」の「旧版」を削除して「最新版」に更新する手順を説明しています。しかし、実は「付録」では入力データのバージョン対応の都合で、あえて本書前半で用いた旧版 ver0.4.2を利用します。
>
> 　これは、「PrePoMax」ではバージョン番号を見ても分かるとおり、未だ最新でも「ver0.4.6」であり操作方法や情報形式が更新され改良が進んでいます。
> 　そのため、「上位互換」(後方互換)も完全ではありません。
>
> 　よって「PrePoMax」では入力データとの対応を確保するために、旧版や最新版を共存させる活用が望ましいのです。

　先に説明したとおり、「PrePoMax」ではインストーラーを利用せずレジストリも関係ないので、単にインストール用のZIPファイルを展開するだけです。

　この「PrePoMax」をインストールしたフォルダは独立しているので、HDDの容量に余裕があり、継続的に各バージョンの「PrePoMax」を利用する場合には、バージョン番号で区別して、複数インストールしておくことを、お勧めします。

120

5-1 解析に必要な「ツール」の更新

　下記の公式サイトに接続し、下の方にあるダウンロードリンクを進みます。

・「PrePoMax」の公式サイト
　http://lace.fs.uni-mb.si/wordpress/borovinsek/?page_id=41

　ダウンロード用サイト「Mega Limited [NZ]」に図5-1①のように切り替わります。

　ここには、図5-1②のように公開された最初のバージョン「v0.3.0」から、今回用いる最新版「v0.4.6」までが、ZIP圧縮ファイルとしてダウンロード可能です。

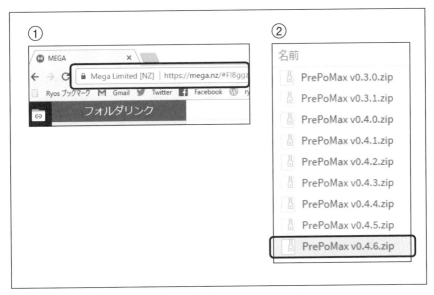

図5-1　最新の「PrePoMax」の入手

□この「PrePoMax v0.4.6.zip」を選択して右クリックし、「標準ダウンロード」を押します。

第5章 「簡単な接触」を考慮した基本的な「接触 解析」

ウインドウの左下にダウンロードの経過が表示されます。

ダウンロードしたファイルは「PrePoMax v0.4.6.zip」として、「ダウンロード・フォルダ」に保存されます。

> ※ なお、改めてダウンロードサイトを確認すると、「PrePoMax v0.4.7_dev.zip」がありますが、本書執筆時点では告知もなく、開発途中と思われるので、ここでは利用しません。

□このファイルを「ダブル・クリック」すると、「Lhaplus」などのツールでファイルが解凍されます。

設定に応じてデスクトップなどに展開したフォルダ「PrePoMax v0.4.6」が作られます。

□これを、「C:¥OpenCAE」の中に移動し、インストールしたフォルダの中の「PrePoMax.exe」を「ダブル・クリック」して、起動を確認します。

最初に**図5-2①**のようなパネルが表示され、**図5-2②**のように最新版の「PrePoMax v0.4.6」が起動します。

□確認できたら、「PrePoMax.exe」の右クリックメニューから「送る⇒デスクトップ（ショートカットを作成）」を選択。

作られたショートカットの名前を、**図5-2③**のように「PrePoMax」と変更しておきます。

> ※ なお、複数のバージョンを使い分ける場合には、「インストール・フォルダ」をバージョン番号で区別するように、「PrePoMax」のショートカットの名称にもバージョン番号を付けることをお勧めします。

122

5-1 解析に必要な「ツール」の更新

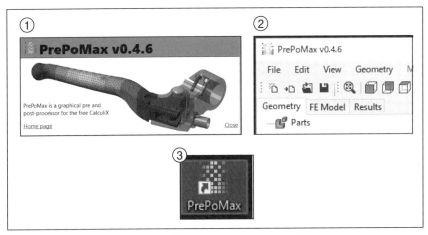

図5-2 「PrePoMax v0.4.6」の導入

□これからの「解析作業」の情報を保存するために、インストールフォルダ「PrePoMax v0.4.6」の中に「Work」フォルダを作ります。
　すでに**第1章**で作ったフォルダを戻している場合には、これを用います。

□このフォルダを右クリックして、メニューの「送る⇒デスクトップ（ショートカット作成）」を選択します。

　これでデスクトップには、解析ツール「PrePoMax」と作業フォルダ「Work」のショートカットが作られました。

＊

　本書執筆時点では、「PrePoMax」の「解析機能」は徐々に拡張されており、削除された機能はないので、基本的には「最新版」を利用することをお勧めします。

　ただし、操作手順の効率化を狙って、設定の画面や場所が変更されている場合もあり、資料に完全に合わせて進めたい場合には、バージョンを厳密に対応させた方がいいです。

　また、保存した解析設定ファイルは、利用でバージョンが限定されてい

第5章 「簡単な接触」を考慮した基本的な「接触 解析」

る場合もあり、旧版も 対応させて利用する必要があります。

> ※ なお「PrePoMax」の各バージョンの更新の内容については、公式ウ
> エブに以下の2項目でまとめてあります。
> 　最近は数か月に一度更新されており、活発に開発が進んでいることが
> 分かります。
>
> FEM Features：有限要素「解析機能」としての更新
> User Features：「プリ・ポスト」ツールとしての更新

＊

ここで改めて「単位系」の説明をします。

「PrePoMax」は「構造解析ツール」であり、「剛性」などの単位を適切に
設定すれば、「寸法」や「荷重」については任意に設定できます。

現時点での「PrePoMax」では、「材料 特性」データベースなどをもってい
いないので、物性値などは利用者が設定して入力することになっていま
す。

よって固定した単位系はなくて、利用者が独自に設定できます。

ただし、本書で扱う「例題」では一般的な機械部品を想定して、解説動画
との対応を考え「寸法」は「ｍｍ」で「荷重」は「Ｎ」を単位としています。

124

5-2 「接触 解析」の「形状 設定」と「材料 特性」

本書を見ながら、さらにYouTubeの動画資料を確認すると、確実に操作を学ぶことができます。

使っているPCの画面が広い場合には、「PrePoMax」を操作するウインドウと動画の両方を見れると便利です。

解説の動画は、「HD」(高画質モード)に対応しているため、大きな画面で表示すれば、「設定の項目」や「数値」を正しく読み取ることが可能です。

ここではまず、「モデル・データ」を用いた「接触 解析」の操作手順を動画のとおりに進めて説明した後で、補足説明します。

＊

ただし、動画は「PrePoMax v0.3.1」で作られています。

解析で用いる「v0.4.6」とは「メニュー項目」などが若干異なっているので、本書では「v0.4.6」の画面を用いて説明します。

＊

□準備したデスクトップの、**図5-3①**「PrePoMax」のアイコンから起動します。

最新版「ver0.4.6」のウインドウが開きます。

＊

「復習」すると、**図5-3②**に示すように、上から「メニューバー」「ツール・バー」が並び、下の左側は各種の情報や設定がツリー状に表示される「オブジェクト・ブラウザ」で、3つのタブ「Geometry」「FE Model」「Results」が並んでいます。

ここでは「INP」形式の「メッシュ情報」を読み込むので、「FE Model」タブを表示しておきます。

125

第5章 「簡単な接触」を考慮した基本的な「接触 解析」

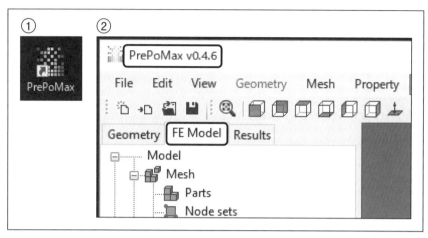

図5-3 「PrePoMax」の起動

■「解析モデル」の「INPファイル」の読込と調整

　ここでは解説動画の例題どおり、新しくインストールした「PrePoMax」のフォルダ「C:￥OpenCAE￥PrePoMax v0.4.6」内にある「Models」フォルダに提供されている「plateAndCube.inp」モデルを利用します。

＊

　拡張子「inp」から分かるように、これは「Abaqus」の入力データ形式であり、この中の「解析形状」の情報を利用します。

□起動した「PrePoMax」のメニュー「File⇒Import」より、上記の「Models」フォルダから、**図5-4①**のように「plateAndCube.inp」ファイルを選択して、「開く」を押します。

　ウインドウの最下段に「Importing」と表示されて少し待つと、**図5-4②**のように「解析モデル」が表示されます。

□ここで「オブジェクト・ブラウザ」の「FE Model」タブで、「Parts」項目を展開すると**図5-4③**のように、「接触 解析」を行なう2つの「Soli-Part」が追加されています。

5-2 「接触 解析」の「形状 設定」と「材料 特性」

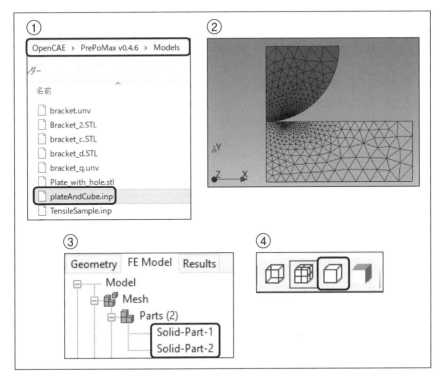

図5-4 「接触 解析」のモデル読み込み

□ここで接触する部分の表示を見やすくするために、モデルの表示を図5-4④の右から2番目、「Show model edge：モデル形状の線分と面の陰影を表示」に変更しておきます。

□この状態では、2つの「Soli-Part」の区別が難しいので、名称を変更します。
　「オブジェクト・ブラウザ」の「FE Model」タブで、「Parts」項目にある「Soli-Part-1」を「ダブル・クリック」。

□これで、図5-5①のように右の図形表示で下の直方体の板が赤色で選択され、「Edit Part: Solid-Par-1」パネルが表示されるので、データ欄の「Name」項目を「Soli-Part-1⇒Plate」と変更して、「OK」で確定します。

127

第5章 「簡単な接触」を考慮した基本的な「接触 解析」

　同様に「Soli-Part-2」を選択して、**図5-5**②のように上の球が「赤色」で選択されるので、「Name」項目を「Soli-Part-2⇒Sphere」と変更します。

□「解析モデル」の寸法を調べるため、メニューの「Tools⇒Query⇒Bounding box size」を選択します。

＊

　3次元表示の下の数値が「ログパネル」に表示されて、「Size」の項目を見ると、以下のとおりです。

```
Size x, y, z:    5.000000E+001, 4.500000E+001, 5.000000E+001
```

　機械部品を想定すると、「板」の一辺が「50mm」と想定されます。

　さらに、「Point/Node」で2つの「節点」を指定して調べると、「球」と「板」の接触点が原点「x, y, z: 0 0 0」となり、「板」の厚さが「20mm」で、「球」の半径が「25mm」となります。

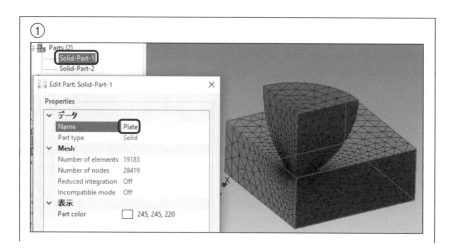

5-2 「接触 解析」の「形状 設定」と「材料 特性」

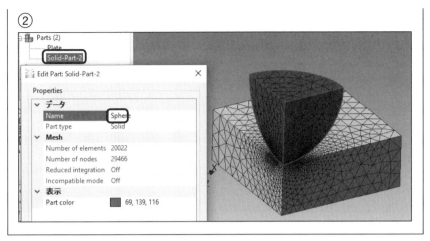

図5-5　接触する物体の設定

■「解析モデル」の「境界条件」の面設定

　読み込んだ「解析モデル」は図5-6①に示す通りで、「灰色の板」の上に「緑色の球」が乗っています。

　ただし、「解析規模」を小さくするため、「対称条件」などを利用して「最小限」（全体として1/4）のモデルになっています。

＊

　上の「緑色の球」は、上下で2分割して、接触する面の下半分のみを考え、さらに対称面のYX面とYZ面で分割され、「球」の「1/8」の形状です。

　「下の灰色の板」は、対称面のYX面とYZ面で分割され、1/4の形状です。

＊

　「荷重」と「固定」の「境界条件の面」は図5-6②に示す通り、「球の上面」に「下向きの強制変位」と、「板の下面」を固定しています。

　「対称条件」の面は、図5-6③に示す通り、「Y軸」の上から見たときに、接触点の原点から「X軸」と「Z軸」方向の面に設定します。

129

第5章 「簡単な接触」を考慮した基本的な「接触 解析」

接触面は図5-6④に示す通り、「球の曲面」と「板の上面」となります。

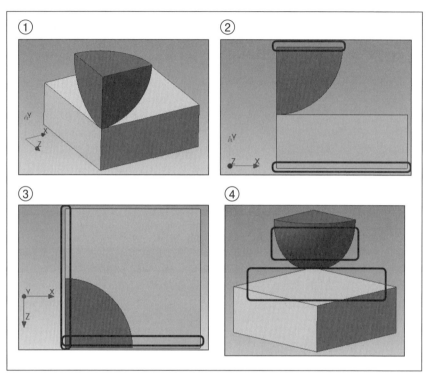

図5-6 「接触条件」を設定する面

＊

それでは、具体的にこれらの「境界条件」の面を、先に示した順に定義します。

5-2 「接触 解析」の「形状 設定」と「材料 特性」

*

□まずは「荷重」としての「**強制変位**」の面を設定します。

「境界条件」は「節点」に与える条件なので、「オブジェクト・ブラウザ」「FE Model」タブの「Node sets」項目を「ダブル・クリック」します。

「Edit Node Set」パネルが**図5-7①**に示す通り表示され、データ欄の「Name」項目を「NodeSet-1⇒Load」と変更します。
□次に、対象とする「節点群」を選択するため、「Select items」項目の「Empty」をクリックし、右端の ┈ ボタンを押して**図5-7②**に示す「Set selection」パネルを表示します。

これによって「境界条件」の対象を選択します。

本書の前半で説明したように、以下の機能があります。

1・**Node**：単独の節点。

2・**Element**：単独の要素。

3・**Part**：単独のパート（物体）

4・**Edge angle**：節点が集合した「線分」。

分割する線の角度の閾値「10 (deg)」

節点が並んだ線分（稜線・特徴線）で、10度以上折れた部分で分割。

5・**Face angle**：節点が集合した「表面」。

分割する面の角度の閾値「10 (deg)」

節点が並んだ表面の部分で、10度以上折れた部分で分割。

6・**ID**：（調査中）

---

*

今回は、「節点が集合した表面」を選択するので「Face angle」を選択し、閾値の角度を「10 (deg)」のままで、対象となる球の上部の断面をクリック。

すると、「節点群」が赤色表示となるので「OK」で確定します。

これより「Select items」項目が「Number of items: 128」として**128個**

第5章　「簡単な接触」を考慮した基本的な「接触 解析」

の「節点群」を選択したことが分かるので、「OK」で確定します。

「オブジェクト・ブラウザ」の「Node sets」項目に設定した「Load」が追加されています。

同じような方法で、「固定条件」を設定する板の下面を、「Name」項目を「Support」に変更して、**図5-7③**のように設定します。

続いて「対称条件」の面を設定します。「X軸に直交する面」を「x_sym」で**図5-7④**のように設定し、「Z軸に直交する面」を「z_sym」で**図5-7⑤**のように設定します。

このとき複数の面を選択するには、Shiftキーを押しながらクリックします。

最後に、「接触面」を設定します。「球面」を「c_sphere」で**図5-7⑥**のように設定し、「板の上面」を「c_plate」で**図5-7⑦**のように設定します。

動画の説明で、古い「PrePoMax v0.3.1」では、「Parts」項目と「Node sets」項目などで同じ名称が設定できました。

しかし、最新版では「オブジェクト・ブラウザ」の設定名称は、一意になるよう区別する必要があります。

ここでは「c_ ～」は「contact」（接触面）という意味で、「接頭文字」をつけて区別しています。

＊

以上の設定で、「オブジェクト・ブラウザ」上の、「Node sets」項目は、**図5-7⑧**のようになります。

132

5-2 「接触 解析」の「形状 設定」と「材料 特性」

①

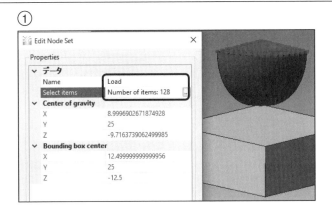

②

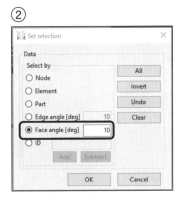

第5章 「簡単な接触」を考慮した基本的な「接触 解析」

③

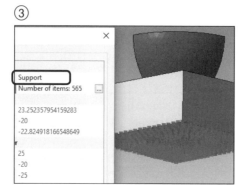

④

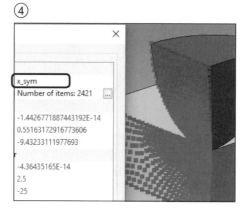

⑤

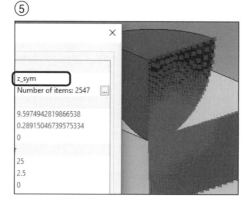

5-2 「接触 解析」の「形状 設定」と「材料 特性」

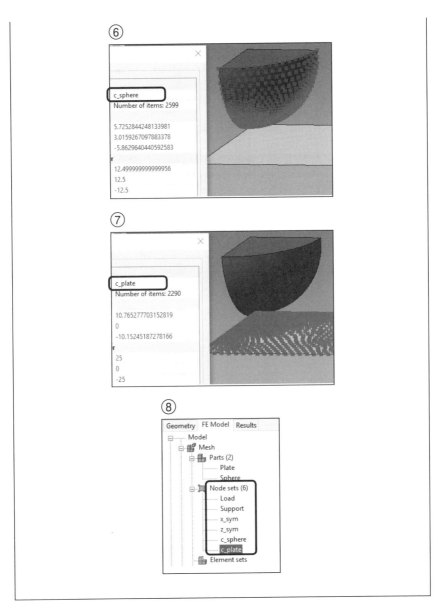

図5-7 「境界条件」の具体的な設定

第5章 「簡単な接触」を考慮した基本的な「接触 解析」

なお、「PrePoMax v0.4.6」では上記のように、「境界条件」を「複数連続して設定」する場合は、"その都度「OK」で確定して閉じ、「Node sets」の「ダブル・クリック」でパネルを開く"のではなく、「OK‐Add New」ボタンで続けて設定できます。

最後は、「Cancel」でパネルを閉じます。

■「境界条件」の「節点群」の面定義

以上で6つの「節点群」を定義しました。

ところが、「接触条件」を設定する「節点群」名の「c_sphere」と「c_plate」は、「分布荷重」の設定でも行なったように、「面」としても定義する必要があります。

これは後で説明する「接触 解析」の「INP情報」書き換えにおいて、ここでの接触は「面対面」として判定するように記述していることに関係します。

□「オブジェクト・ブラウザ」の「Surfaces」項目を「ダブル・クリック」して、図5-8①の「Create Surface」パネルを表示します。

□「Name」項目を「ダブル・クリック」で「s_sphere」に変更して、「Create by/from」項目は「Selection」なっているので、この欄を押す。

V のボタンが欄の右端に表われるので、押すと、「Selection ／ Node set」が選択できます。

□ここで「Node set」を選び、下の「Node set」項目の値の欄を押すと V のボタンが欄の右端に表われるので、押す。

すると、先に設定した「境界条件」の「節点群」の名称が選択できるので、「c_sphere」を選びます。

＊

136

5-2 「接触 解析」の「形状 設定」と「材料 特性」

　これで「グラフィック・パネル」に対象となる「荷重条件」の「節点群」が表示されます。
　さらに「OK」で進めると、表示が図5-8②の「面表示」になり、「オブジェクト・ブラウザ」の「Surfaces」項目に「s_sphere」が追加されます。

　同様な方法で、「節点群」名「c_plate」を用いて、面「s_plate」を設定すると、図5-8③、図5-8④のようになり、「オブジェクト・ブラウザ」の「Surfaces」項目は、図5-8⑤となります。
＊
　古い「PrePoMax v0.3.1」では、この設定でも項目を表わす名称に同じ名称が設定できました。

　ところが、最新版では「オブジェクト・ブラウザ」の設定名称は、多くの設定で重複しないように区別する必要があります。

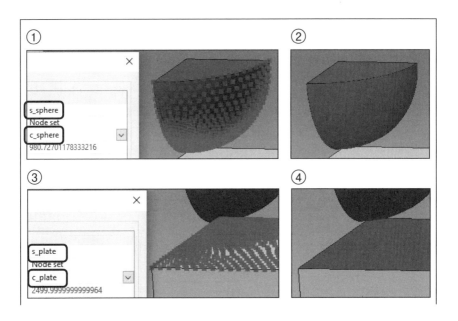

第5章 「簡単な接触」を考慮した基本的な「接触 解析」

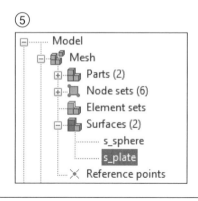

図5-8 「節点群」からの「面」定義

■「材料 特性」の「定義」と「割当」

ここで2つの部品「板：Plate」と「球：Sphere」に対して、「材料 特性」を設定します。

□まず、「材料 特性」として、動画の例題のとおり一般的な鋼材「S235」を想定します。

□「オブジェクト・ブラウザ」の項目「Materials」を「ダブル・クリック」して、「Create Material」パネルを図5-9①のように表示させます。

□「Material name」の項目を「S235」として、基本となる例題のため、材料は弾性として「Elasticity」項目の「Elastic」を選択します。

□続いて ⇒ ボタンを押して、左側の「Available models」で選択した項目「Elastic」を、右側の「Selected models」に設定します。

次に、「Properties」の欄に「Young's modul」「Poisson's ratio」の2つの欄が出来るので、以下のように設定します。
値の欄をマウスでクリックすると、変更できます。

Young's modul：210000　（210000MPa=210GPa）
Poisson's ratio：0.3　（単位なし）

5-2 「接触 解析」の「形状 設定」と「材料 特性」

□設定を終えたら「OK」で進めると、図5-9②のように「オブジェクト・ブラウザ」のMaterial項目に「S235」が追加されます。

> ※ なお、「オブジェクト・ブラウザ」では、「項目」に対して「設定情報」が追加されますが、これらの情報はブラウザの下半分の「データ」パネルに表示されるので、これで設定内容を確認できます。

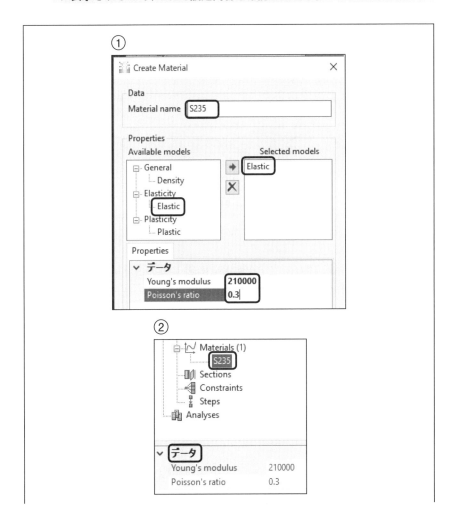

第5章 「簡単な接触」を考慮した基本的な「接触 解析」

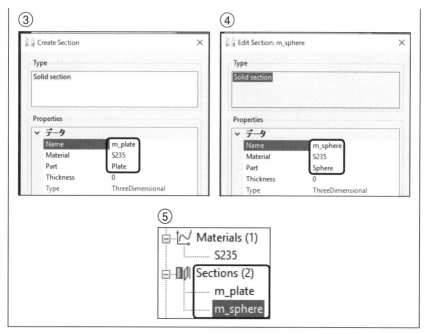

図5-9 「材料 特性」の「定義」と「割当」

　次に、2つの部品「Plate」と「Sphere」に対して、定義した「材料 特性」「S235」を割り当てます。

＊

□まず、「板：Plate」を設定します。
　「オブジェクト・ブラウザ」の項目「Sections」を「ダブル・クリック」して、「Create Section」パネルを**図5-9③**のように表示させます。

　割り当てる「解析モデル」のTypeで「Solid section」のみが選択できます。

＊

　具体的なPropertiesのデータ欄に、設定項目が以下の**「5種類」**表示されます。

5-2 「接触 解析」の「形状 設定」と「材料 特性」

1・**Name**：割当の任意の名称で、ここでは「m_plate」とします。

　　※　現在の「PrePoMax」はこの名称では、「部品Plate」と同じ名称が使えるようですが、「オブジェクト・ブラウザ」で名称を区別するために、ここでは変更します。

2・**Material**：割り当てる「材料 特性」で、ここでは「**S235**」を使います。

3・**Geometry**：割り当てる解析対象で、ここでは「**Plate**」を使います。

4・**Thickness**：「0」

5・**Type**：TreeDimensional（変更できません）

□以上の項目を設定したら、「OK」で確定します。

□同様に「**球**：Sphere」に材料を設定します。**図5-9**④のように名称を「m_sphere」として、同じ材料「S235」を、対象「**Sphere**」に設定。

　設定対象が赤色で表示されたのを確認して、「OK」で確定します。

*

　以上の設定より、**図5-9**⑤のように「オブジェクト・ブラウザ」の「Sections」項目に「m_plate と m_sphere」が追加されます。

　　※　ここでは「m_ ～」は「material」（材料設定）という意味で、「接頭文字」をつけて区別しています。

141

第5章　「簡単な接触」を考慮した基本的な「接触 解析」

5-3 「接触解析」の「解析条件」と「境界条件」

■「解析条件」の設定

続いて、「解析条件」を設定します。

＊

□「オブジェクト・ブラウザ」の項目「Steps」を「ダブル・クリック」して、「Create Step」パネルを**図5-10①**のように表示させます。

このステップは「数値解析」での「増分ステップ」のことで、「非線形解析」を行なう場合には、複数のステップで「増分計算」を行ないます。

しかし、現在の「PrePoMax」では、「Step type」において「Static step」のみが用意されており、このプリ機能の自動設定のみでは、「静的非線形解析」のみに対応しています。

> ※　なお、接触解析は、設定としては非線形解析の対象とします。

＊

ここで「Static step」に対して、下側に「Properties」の項目がデータとして2つ表示されます。

1・**Name**：「増分ステップ設定」の名称で、ここでは「Step-1」のままにする。
2・**Nlgeom**：「Non-Linear Geometry」の「On/Off設定」で、ここでは「On」に変更。

この「設定変更」は、「接触解析」では大変形問題として、幾何学的非線形性を考慮するためです。

＊

以上より、**図5-10②**のように、これまでとは異なり収集条件に関して多数の設定項目が表示されますが、すべてそのままにして、「OK」で確定します。

図5-10③のように、「オブジェクト・ブラウザ」の「Steps」項目に「Step-1」に加えて、3項目（「Field outputs」「BCs」「Loads」）が追加されます。

142

5-3 「接触解析」の「解析条件」と「境界条件」

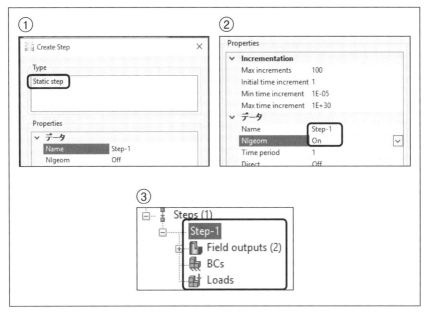

図5-10 「解析条件」の設定

■「境界条件」の設定

続いて、先に設定した解析条件「Step-1」の項目、「BCs (Boundary Conditions)：固定条件」を設定します。

通常の構造解析では「Loads：荷重条件」も設定しますが、今回は「球の上面」に「強制変位」を「固定条件」として設定するので、「荷重条件」は扱いません。

> ※ なお、これまでの作業で、これらの「境界条件」を設定する対象となる幾何学的な位置は設定してあるので、これに条件（数値）を設定します。

具体的には、「**節点群**」として設定した「**固定条件：Support**」と「**強制変位：Load**」の2つに対して設定します。

143

第5章 「簡単な接触」を考慮した基本的な「接触 解析」

□まず「**固定条件**：Support」を設定します。

「オブジェクト・ブラウザ」の先に作成した解析設定「Step-1」の下に
ある項目「BCs」を「ダブル・クリック」して、「Create Boundary Conditi
on」パネルを**図5-11①**のように表示させます。

現在の「PrePoMax」ではTypeにおいて、「Displacement/Rotation」の
みが用意されています。

＊

パネルには、「Type」の下に「DOF」「データ」の2つの項目として表示さ
れます。まず下にある「データ」の**4項目**を設定します。

・Name：
　　設定する「固定条件」の名称で、ここでは「b_support」に変更します。
　　※　現在の「PrePoMax」はこの設定では、Supportと同じ名称が使えるよ
　　うですが、「オブジェクト・ブラウザ」で名称を区別するために、ここでは
　　変更します。
　　　なお名称の「b_〜」は「boundary境界」の意味です。

・Region type：
　　「固定条件」を設定する対象の状態で、「Node set name／Surface name」
　　の2つから選択しますが、ここでは「**Node set name**」を選択します。

・Node set：
　　固定条件」を設定する対象の選択です。
　　ここでは先に設定した6つの中から、「グラフィック・パネル」で
　　位置を確認し**図5-11②**のように「赤色」の「節点群」として確認して
　　「**Support**」を選択します。

・DOF (Degree of freedom)：
　　設定する「固定条件」での拘束する自由度を選択します。「Unconstr
　　ained」とある欄をクリックして右端の Ⅴ ボタンをクリックすると、
　　選択できる候補「Unconstrained／0」表示されます。

ここでは、3次元要素の節点なので3自由度（XYZ方向）を固定するも
のとして、「U1」「U2」「U3」の項目を0とします。

144

5-3 「接触解析」の「解析条件」と「境界条件」

「U1」「U2」「U3」：
「1番目の軸X方向」変位を拘束、同様に「2番目Y軸」「3番目Z軸」
「U1」「U2」「U3」：
「1番目の軸X軸」周回転を拘束、同様に「2番目Y軸」「3番目Z軸」

結果として、「固定条件」の「b-support」は、図5-11②のように「赤色」の点群と、「小さな円錐」が変位を0とした固定する」自由度」を表わしています。

この場合は「XYZ軸方向」なので、3つあります。

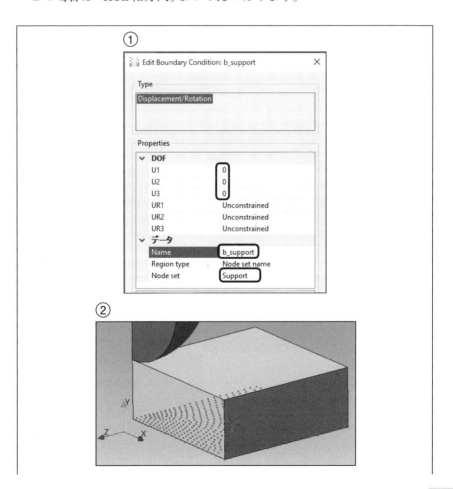

第5章 「簡単な接触」を考慮した基本的な「接触 解析」

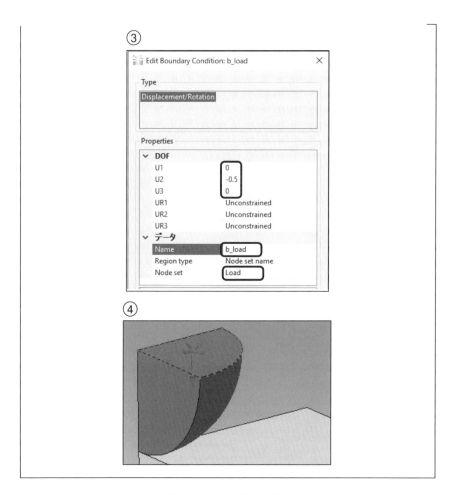

図5-11 「固定条件」と「強制変位」の「設定」

＊

□次に、同様な方法で、「**強制変位：Load**」を設定します。

図5-11③のように「Name」は「b_load」として、「Node set」は6つの選択肢の中から「Load」を選択します。

5-3 「接触解析」の「解析条件」と「境界条件」

□対象とする自由度「U1」「U2」「U3」を、すべて「0」に設定。

□「球」を「板」に接触させて押し込むため「Y軸」の「下向き負方向」に「強制変位0.5mm」を設定するので、「U2」を「-0.5」に変更して、「OK」で確定します。

　結果として「固定条件」の「b-load」は、図5-11④のように「強制変位」の「赤色」の矢印と、「小さな円錐」が変位を「0」とした自由度を表わしています。

＊

　続いて、「解析モデル」の「対称条件」を設定します。

　設定方法は基本的に「固定条件」などの方法と同じで、「自由度」の拘束は以下に示す通りです。

　「対称条件」では、「対称面内」は自由として、「対称面外」への移動を拘束するので、固定する自由度は図5-6③を見て確認してください。

対称条件の「節点群」	x_sym	z_sym	
対称面	YZ軸平面	YX軸平面	
直交する座標軸	X軸	Z軸	
「境界条件」の名称	b_xsym	b_zsym	
固定する自由度	U1 (X軸)	U3 (Z軸)	他の自由度は拘束しない

＊

□まず「対称条件：x_sym」を上記に対応して、図5-12①のように設定し、「OK」で確定。

　設定の結果は図5-12②のようになります。

第5章 「簡単な接触」を考慮した基本的な「接触 解析」

□次に、「対称条件：z_sym」を上記に対応して、**図5-12③**のように設定し、「OK」で確定。

　設定の結果は**図5-12④**のようになります。

＊

　以上の「境界条件」の設定で、「オブジェクト・ブラウザ」の解析設定「Step-1」の下にある項目「BCs」には、**図5-12⑤**のような4つの「境界条件」が並びます。

　次に、「確認の解析実行」を行なうので、この段階で「解析情報」を保存しておきます。

　メニューバーの「File⇒Save As」を選択して、本章の解析フォルダ「Ex4」を新しいフォルダとして作り、この中に「ex4-1.pmx」ファイルとして保存します。

　この後も作業の節目になったら「File⇒Save」か、「ツール・バー」のFDボタン「Save to file」で保存してください。

> ※　「PrePoMax」はこの保存作業をしなくても、操作のたびに状態を保存しており、単に起動すれば最後の状態から再開できます。
> ただし、念のために、手動で途中の段階を保存したほうが安心です。

148

5-3 「接触解析」の「解析条件」と「境界条件」

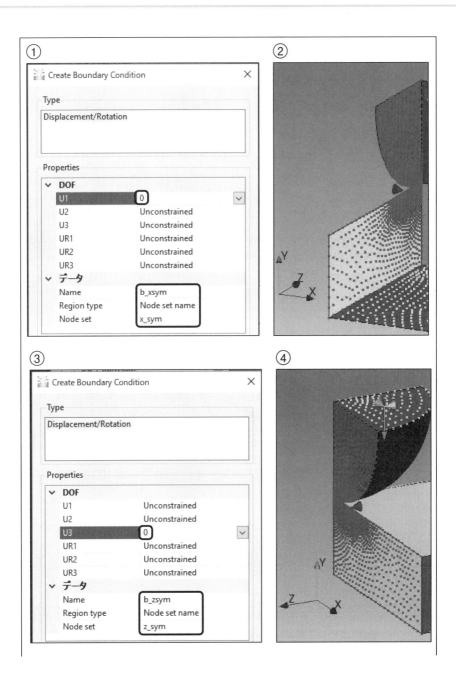

第5章 「簡単な接触」を考慮した基本的な「接触 解析」

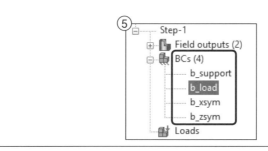

図5-12　対称条件の設定

■「解析設定」の確認のための「解析実行」

この段階で、以上の「解析設定の確認」のために、「解析実行」をしてみます。

*

ただ、「接触 解析」の「接触条件」をまだ設定していませんので、「接触解析」ではなく、単に、「球を下に強制変位で移動させる」だけになります。

□「オブジェクト・ブラウザ」のいちばん下の項目「Analyses」を「ダブル・クリック」して、「Create Analysis」パネルを図5-13①のように表示させます。

現在の「PrePoMax」では、解析のデータ設定において、以下の5つの項目が用意されています。

1・Name：
　　設定する解析実行の名称で、「Analysis-1」のまま
2・Executable：
　　「PrePoMax」で用いる解析ソルバー CalculiXのCCXの指定
> C:￥OpenCAE￥PrePoMax v0.4.6￥Solver￥ccx_2.13_MT.exe
> （変更不可で、最新版の2.13になっています）

3・Ecexutable arguments：
　　解析実行時の追加設定で、「Analysis-1」のまま

5-3 「接触解析」の「解析条件」と「境界条件」

4・Work directory：
CalculiX が実行する時に作業用ディレクトリの指定

C：¥ OpenCAE ¥ PrePoMax v0.4.6 ¥ Temp（変更不可です）

5・Number of processors：
解析に用いる「プロセッサ」（CPU コア）数で「1」

上記の解析ソルバー「CalculiX」のCCXは、「PrePoMax ver0.4.6」のバージョンでは「2.13」が組み込まれており、最新版に更新されています。

ただし、CCXの以前の「2.10」と「2.13」の更新は、「PrePoMax」で設定する範囲の解析において影響はないと思います。

□「OK」で確定すると、**図5-13②**のように、「オブジェクト・ブラウザ」のAnalysis項目に「Analysis-1」が追加されます。

この項目に「赤色三角」の表示は、解析が実行されていないことを表わしています。

□続いて、項目「Analysis-1」を右クリックして、メニュー**図5-13③**より「Run」を選択して、解析を実行します。

解析の状態を示すログを表示するために「Monitor」パネルが、**図5-13④**のように表示され、最後に「Job finished ／ Elapsed time [s]: 81.2074449」となり、完了します。

＊

正しい「接触 解析」ではなく、単なる「強制変位」ですが、それでもずいぶん時間がかかり「81秒」です。

ちなみに、検証で用いたPCは、「Intel Corei7-2.8GHz」で、1CPUコアで逐次処理しています。

151

第5章 「簡単な接触」を考慮した基本的な「接触 解析」

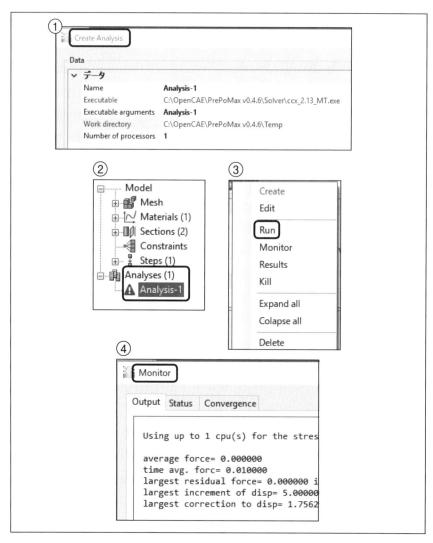

図5-13　確認用解析の実行

この確認のための「解析結果」を可視化します。
「Monitor」パネルの右下の「Result」ボタンを押して結果を表示します。
＊
「可視化結果」が、図5-14①のようになります。

5-3 「接触解析」の「解析条件」と「境界条件」

　表示は「変位量」となり、「最大変位」が「5.000E-001mm=0.5mm」で強制変位の設定どおりとなっています。

　「接触 解析」の条件を設定していないので、球が移動して板に重なったおかしな結果であることが分かります。

　この表示は変位量を拡大しているので、**図5-14②**のようにメニューの「Tools⇒Settings⇒Post-processing」の Deformation scale factor を「Automatic⇒True scale」に変更して「OK」で確定します。

　これより、実際の変形状態が**図5-14③**のように表示されます。
　ただ、いずれにしても「接触 解析」とはなっていません。
＊
　以上で、「接触条件以外」は正しく設定されていることが確認できました。

MEMO

第5章 「簡単な接触」を考慮した基本的な「接触 解析」

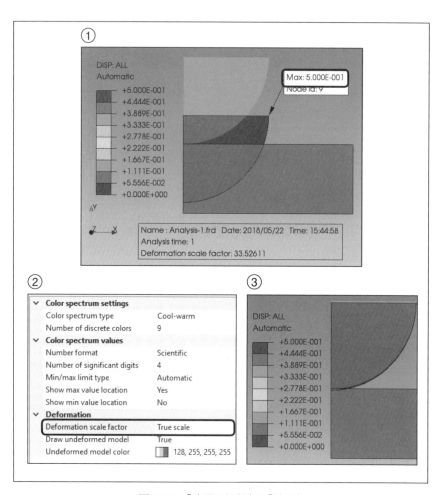

図5-14 「確認用解析」の「結果」

5-4 「接触条件」を設定した「接触 解析」

5-4 「接触条件」を設定した「接触 解析」

■「接触 解析」の「接触条件」の設定と実行

　現時点での「PrePoMax」では、ツールのGUIで設定できる範囲は限られています。

　この「接触 解析」についても、幾何学的な接触面の設定は可能ですが、「接触条件」は「PrePoMax」の解析ソルバー「Calculix」の解析設定ファイル「INP」形式（Abaqusの入力形式）を、直接に記述する必要があります。

＊

　ここでは、「PrePoMax」から「INPファイル」を修正する方法を説明します。

＊

□メニューの「Edit⇒Edit CalculiX keywords」を選択。

□図5-15①のように「Calculix keyword editor」が起動。

□「解析設定情報」の「INPファイル」の内容が、左側に「CalculiX keywords tree」としてツリー表示されており、最初の「CalculiX inp file」を選択。

□左下の「Add keyword」ボタンを押して、最後に赤色の「User data」を最後に追加します。

□次に中央にある上向き矢印ボタン ↑ を押して、追加した項目を「Constraints」の下に移動。

　右上の「Edit selected keyword」の欄に、追加した「User data」があります。
　これを「** Contacts」として「接触条件」を追加する部分のコメントにします。

155

第5章　「簡単な接触」を考慮した基本的な「接触 解析」

□この下に「接触条件」を設定するので、再び左下の「Add keyword」ボタンを押して、「User data」を追加します。

> ※　これは先に追加した「** Contacts」の下に、挿入用の「User data」を再び追加したことになります。

□この部分を、ここでの「接触 解析」の「接触条件」として、以下の囲み内の記述に置き換えます。

```
** Plate-Sphere contact
*SURFACE INTERACTION, NAME=SI1
*SURFACE BEHAVIOR, PRESSURE-OVERCLOSURE=LINEAR
1.E7, 1.
*CONTACT PAIR, INTERACTION=SI1, TYPE=SURFACE TO SURFACE
s_sphere, s_plate
```

この記述の意味は以下のとおりです。「**」はコメント行です。

・表面の「接触条件」の名称は「SI1」とし、
・接触の表面挙動の圧力距離重複度挙動は「線形」とし、
　係数を「1.E7, 1.」とし、
・接触の組合せでは形式は「表面対表面」とし、
　対象を「s_sphere, s_plate」とする。

　この場合には、2つの「接触面」は「同等」な「面対面」としており、「Master：面＝Slave：点」のような区別はしていません。

＊

　これは「Abaqus」準拠の「Calculix」の「INP」形式のスクリプトですが、各コマンドの詳細を調べるときには、下記のウエブ「CalculiX CrunchiX ユーザーマニュアル バージョン 2.10」が非常に参考になります。

```
https://open-shelf.appspot.com/CalculiX/ccx-doc/ccx.html
```

156

5-4 「接触条件」を設定した「接触 解析」

これより、「Edit selected keyword」の欄が、図5-15②のようになります。

□これで「OK」を押して「INPファイル」の修正を確定します。

このINP修正より「オブジェクト・ブラウザ」のFE Modelタブの最初のModel項目に「User keywords: 2」が追加されます。

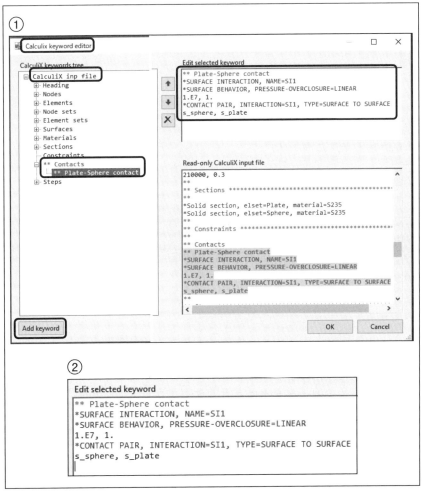

図5-15 「接触条件」の「INPファイル」設定】

第5章　「簡単な接触」を考慮した基本的な「接触 解析」

　これで「接触条件」が設定できたので、改めて「接触 解析」を実行します。

＊

□先の手順と同様に、項目「Analysis-1」を右クリックして、メニューより
「Run」を選択して解析を実行します。

□このとき解析結果の上書きの確認がありますが、「OK」で進めます。
　「Monitor」パネルが表示されるので、相当長く待ちます。

　結果的に「Elapsed time [s]: 713.5441549」となり、先ほどの確認の解
析の「9倍」の時間がかかって「接触 解析」を実現しました。

　　※　これは解析において「接触条件」を満足するために「増分収束計算」
　　を行なっているためです。

■「接触 解析」の結果の「可視化」と「分析」

　以上で解析が正常に完了したら、結果の「可視化」を行います。

＊

　これにはいくつかの手順があって、

(1) 解析のログを表示した「Monitor」パネルから「Results」ボタンを押す。
(2) 項目「Analysis-1」の右クリックメニューから「Results」項目を選択
　する。

　これらの手順で「可視化」します。

　「可視化結果」として、「変形図」が図5-16①のように表示されました。

　今回は不自然な重なりもなく、接触面ではわずかに球が板にメリ込ん
でいることが分かります。

　また「強制変位」させた「球」も「0.5mm」だけ正しく移動していること
が確認できます。

158

5-4 「接触条件」を設定した「接触 解析」

接触部分の拡大図を図5-16②に示します。

*

次に「応力」として「MISES応力度」を、「オブジェクト・ブラウザ」の「Results」タブから選択した結果を図5-15③に示します。

「最大の応力度」が、「接触面」ではなく「少し内部」で発生していることが分かります。

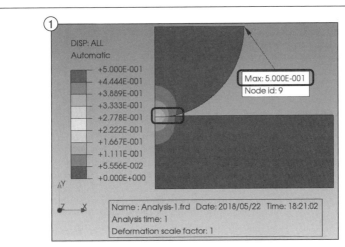

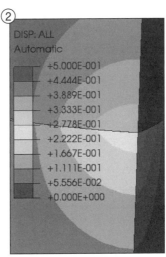

第5章 「簡単な接触」を考慮した基本的な「接触 解析」

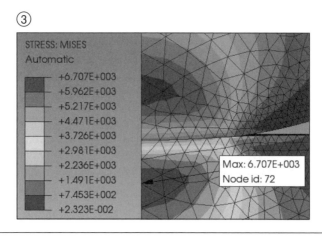

図5-16 「接触 解析」の結果

　この解析結果は「動的解析」ではありませんが、「初期状態」から「強制変位で接触した状態」への変化を「動画」として見ることが可能です。

　「ツール・バー」の**図5-17①**の、三角の「Animate」ボタンを押すと、**図5-17②**の再生制御パネル「Animation」が表示されます。

　そこで、三角の「再生ボタン」を押すと、**図5-17③〜⑥**のようなアニメーション表示ができます。

5-4 「接触条件」を設定した「接触 解析」

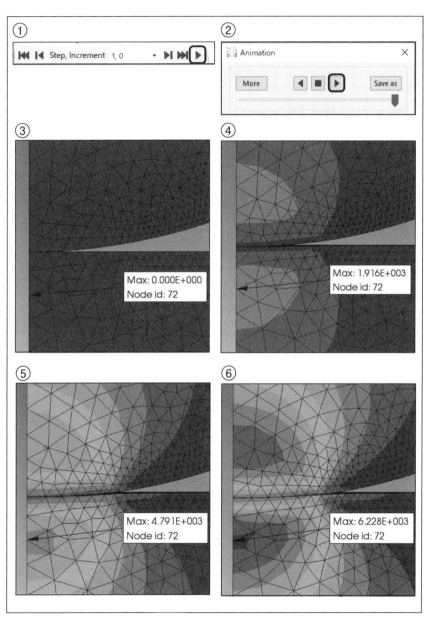

図5-17:「接触 解析」の詳細な分析

第5章 「簡単な接触」を考慮した基本的な「接触 解析」

以上で、「接触 解析」の説明は終わりです。

*

□ここで、「ツール・バー」のFDボタンで保存してから、「PrePoMax」の右上「×ボタン」で終了します。

□終了前に保存を確認したら、「OK」で進めます。

*

□さて、ここでもう一度「PrePoMax」を起動してください。

「オブジェクト・ブラウザ」を見ると、「FE Model」には「接触 解析」の設定条件が列挙され、Results タブからは可視化結果を確認することができます。

つまり「PrePoMax」では、常に操作状態を記録されており、終了しても最後の状態から再開する仕様となっています。

実践的な機能をもつツールだと思います。

> ※ なお、別の解析を行っていて、改めて解析データを読み込むときには、「File⇒Open」より、拡張子 pmx の「PrePoMax」の解析データを開いてください。

162

第6章

「複数部品」の「アセンブリ・モデル」の解析方法

「車輪」と「支え」を組み合わせた「アセンブリ・モデル」に対して、支え部分のみの「応力解析」をするための設定方法を解説します。

ここでは、個別の部品を複数選択して結合した、「解析モデル」をマウス操作で作り、「構造解析」をします。

また、解析結果を他の部品と組み合せて可視化することで、「アセンブリ・モデル」全体の中での挙動を見ることができます。

第6章 「複数部品」の「アセンブリ・モデル」の解析方法

6-1 「アセンブリ・モデル」での解析対象

　ここでは、複数の部品からなる「アセンブリ・モデル」に対して、図6-1①に示すように解析対象の複数の部品だけを選択する方法を説明します。

　先に説明した「接触解析」のような「スクリプトの修正」などは行わず、ツールの簡単な操作だけで解析対象の複数の部品を結合して解析を実行します。

　図6-1②に示すように「アセンブリ・モデル」の部品全体を含めて可視化する方法を説明します。

　「ものづくり」の実践では、通常は、複数の部品から構成される「アセンブリ・モデル」がほとんどで、これらを結合して製品を製造します。

　このときに部品の組み立てで、「接触の条件」や「摩擦の影響」などを考慮する場合には、先に説明したような高度な設定による「接触解析」が必要です。

　しかし、完全に結合した「固着」の場合には、以下に示す方法で「アセンブリ・モデル」の解析が可能です。

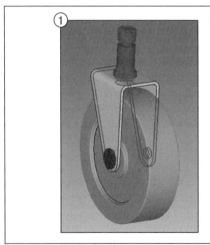

図6-1　「アセンブリ・モデル」の「構造解析」

6-1 「アセンブリ・モデル」での解析対象

■「STL」形式の複数の部品データの読み込

この動画の例題は、「PrePoMax」の配布パッケージの「Models」フォルダには含まれていません。

そこで開発者のMatejさんにお願いし、読者のためにデータを提供していただきました。

このデータは本書の「サポートページ」で公開予定です。以下を参照してください。

・著者の「PrePoMax」サポートページ：
http://opencae.gifu-nct.ac.jp/pukiwiki/index.php?About「PrePoMax」

□まず、解析作業フォルダ「C:￥OpenCAE￥PrePoMax v0.4.6￥Work」の中に、「アセンブリ・モデル」解析用フォルダとして「Ex5」を作ります。

上記のサポートページにおいて「アセンブリ・モデル」データ「AssemblyDataSet.zip」を配布しているので、これを上記のフォルダ「Ex5」に保存します。

このZIPファイルの内容を、このフォルダ内に展開しておきます。

> ※　なお、このZIPファイルの展開ではパスワード「MatejData」が必要です。
> 　内容は**図6-2①**に示すような、標準的な3次元形状データの「STL」形式の部品形状ファイル7種類です。
>
> ＊

それでは、「PrePoMax」で、これらの「アセンブリ部品データ」を読み込みます。

165

第6章 「複数部品」の「アセンブリ・モデル」の解析方法

□まず、「PrePoMax」を起動すると、終了時の状態に復帰して直前の「接触解析」の状態となっているので、「File⇒New」で新規の解析を始めます。

　このとき、現状のデータを閉じていいかの確認をされるので、保存してあれば「OK」で進めます。

　　※　なお、ツールバーの左端の「New model」ボタンでも同じことができます。

　これらの「STL」形式の形状データを読み込むには、

□「File⇒Import」を選択し、解析作業フォルダ「Ex5」の中にある7つのSTLデータすべてを選択（Ctrlを押しながら選択します）。

□「開く」ボタンで読み込むと、**図6-2②**のように表示されます。

　　※　これは「STL」データが、部品表面を三角形のつながりで構成している状態を表しています。

　表示方法を「Show model edges」に変更すると、**図6-2③**のように表示されます。

　　※　なお、読み込んだデータは、「オブジェクト・ブラウザ」の「Geometry」タブにおいて、7つのPartsとして表示されています。

①

名前
AssemblyDataSet.zip
Bracket.stl
Bushing.stl
Cirlip.stl
Post.stl
Shaft.stl
Wheel.stl
Wheel_outter.stl

6-1 「アセンブリ・モデル」での解析対象

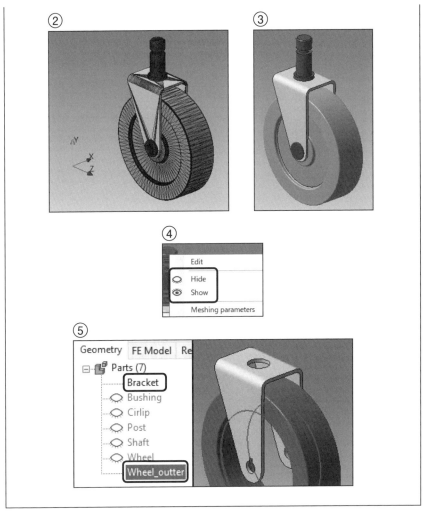

図6-2 「アセンブリ・モデル」の表示調整

複数の部品から成る「アセンブリ・モデル」では、解析条件の設定において、部品の表示の可否を選択する必要があります。

＊

□まず、全体としての表示の設定は、ツールバーの右端にある以下の3つのボタンで設定できます。

第6章 「複数部品」の「アセンブリ・モデル」の解析方法

左から、「すべての部品を隠す」「すべての部品を出す」「可否の選択を反転させる」

□個別の部品の「表示の可否」は、3次元表示の部品を右クリックして表示される図6-2④のメニューにおいて、「Hide：隠す／Show：見せる」で選択できます。

この結果は、「オブジェクト・ブラウザ」に「隠す／見せる」のアイコンとして表示されます。

> ※ 実は「オブジェクト・ブラウザ」の項目を右クリックしても同じメニューから表示の可否が設定できます。

調整すると、図6-2⑤のような表示になります。

これは例として、「Bracket」と「Wheel_outter」のみが表示され、「オブジェクト・ブラウザ」で選択した「青色の部品」は3次元表示では「赤色」になります。

この動画の演習では、図6-3①に示す「Bracket」「Post」の、2つの部品のみを解析対象とし、これらを「固着」させて「一体化」した「解析モデル」の「弾性解析」を行ないます。

*

この状態で、「解析モデルの寸法」を確認します。

□「メニュー」の「Tools⇒Query⇒Bounding box size」より、3次元図形表示の下のログパネルに、以下の「Size」が表示されます。

```
Size x, y, z:  3.455676E+001, 1.069959E+002, 4.400000E+001
```

この数値より一体化した「解析モデル」のサイズは「x,y,z：34.55mm 106.99mm 44.00mm」です。

6-1 「アセンブリ・モデル」での解析対象

□さらに、「Bracket」の板厚を調べる場合には、「Query」パネルの「Distance」を選択して、図6-3②のように2つの節点を選択すると、「距離」(板厚)が「2.27mm」であることが分かります。

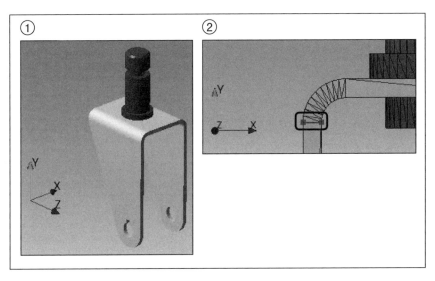

図6-3 「アセンブリ・モデル」の寸法確認

■「メッシュ・モデル」の作成

この2つの部品の「メッシュ」を作ります。

□「Bracket」と「Post」の「オブジェクト・ブラウザ」の項目か、3次元図形表示において、図6-4①に示すように、2つを選択して、右クリックメニューの「Meshing parameters」を選択します。

「Edit Meshing Parameters: Bracket」パネルが図6-4②のように表示されます。

□まず、「Bracket」は「2.27mmの薄板」なので、「Size」項目の「Max element size」を「1.5(mm)」で「Min element size」を「0.3」とします。

169

第6章 「複数部品」の「アセンブリ・モデル」の解析方法

□曲げ変形を正しく解析するために、「Type」項目で「Second order」(2次要素)を選択して「True」として、「OK」で確定します。

□次に、「Post」も同じ条件で、図6-4③のように設定します。

　これで「メッシュ・モデル」の設定ができたので、実際にメッシュを生成します。
＊
□「Bracket」と「Post」を選択した状態で、図6-4①の右クリックメニューの「Create mesh」を選択して、メッシュを生成すると、ログ表示部分にメッセージが表示されます。

□「オブジェクト・ブラウザ」のFE Modelタブに切り替わって、表示形式を「Show element edges」に変更。
　「有限要素」メッシュを表示すると、図6-4-4のようになります。

> ※　なお、生成したメッシュの情報を確認する場合は、図6-4①の右クリックメニューの「Edit」を選択。「Edit Part」パネルが図6-4⑤のように表示されるので、ここで「Mesh」項目を見ると、「要素数：Number of element」や「節点数：Number of nodes」が確認できます。

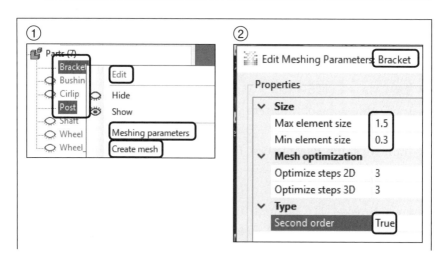

170

6-1 「アセンブリ・モデル」での解析対象

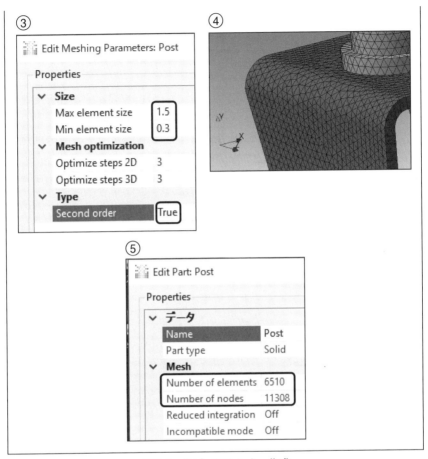

図6-4 各パーツのメッシュ作成

　この解析対象の「アセンブリ・モデル」の設定では、「Bracket：16085要素＋Post：6510要素」で、合計「22595要素」となります。

第6章 「複数部品」の「アセンブリ・モデル」の解析方法

■「固着」「固定」「荷重」の条件設定面の指定

　今回の「アセンブリ・モデル」の解析では、図6-5①に示すような「緑色」の「Bracket」と「灰色」の「Post」を結合した構造物の解析を行ないます。

　ここでは、図6-5②に示す面を、各種の「境界条件」を設定する面とします。

　「Post」の上面に荷重を与える「Load」と、「Bracket」の下の穴の内側を固定する「Support」、さらに2つを固着させる「面」として「Bracket」の面を「Master」、対する「Post」の面を「Slave」とします。

　この指定操作では、「Bracket」と「Post」の接する面を指定しますが、この状態では重なって隠れて見えないので、「アセンブリ・モデル」の表示の可否を用いて設定します。

＊

まず、「Support」を設定します。

□「オブジェクト・ブラウザ」の「Surfaces」を「ダブル・クリック」し、図6-5③の「Create Surface」パネルにおいて、「Name」は「Support」と変更。

□「Select items」の「Empty」をクリックして、「Set selection」パネルを表示。
　ここでは穴の内面全体を選択するので、「Face angle」を「50」にして、図6-5④に示す穴の内側と切欠き部分を選択します。

□「Shiftキー」を押しながら、全部で5か所の「複数の面」を指定します。

　以下に続く「境界条件の設定面」の選択操作では、「Face angle」の角度設定を適切に変更して、細かな面も欠けないようにすべて指定して設定します。

172

6-1 「アセンブリ・モデル」での解析対象

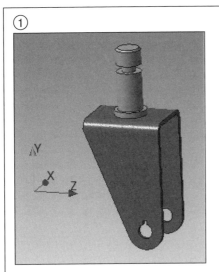

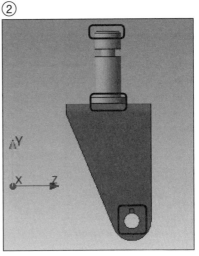

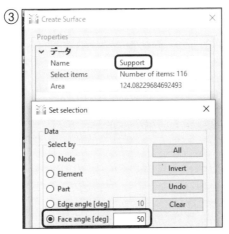

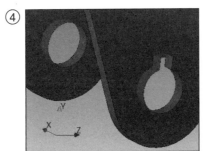

173

第6章　「複数部品」の「アセンブリ・モデル」の解析方法

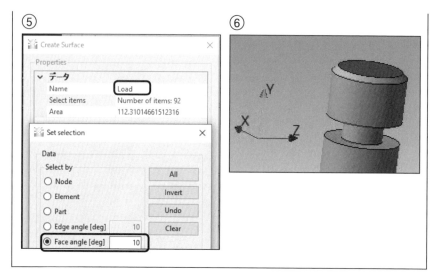

図6-5　固定と荷重の設定面の指定

□同様の方法で、「Post」の上面に荷重を与える「Load」面を1か所選択し、設定します。

　この場合の「Face angle」は「10」にしておきます。
　図6-5⑤のように、図6-5⑥の部分を指定します。
＊
続いて、「固着面」を設定します。

　まず「Bracket」の面を「Master」で設定します。

□方法は先ほどと同様で、この場合は曲線で曲がる部分を外した面を選択するために、「Face angle」は「1」にしておきます。
　図6-6①のように図6-6②の部分を指定します。

　次に、「Post」の面を「Slave」としますが、「Bracket」と重なっているので、「Bracket」を右クリックして「Hide」で隠します。
　方法は同様で、この場合も面を区別するために「Face angle」は「1」にしておきます。

174

6-1 「アセンブリ・モデル」での解析対象

図6-6③のように、図6-6④の部分を指定します。

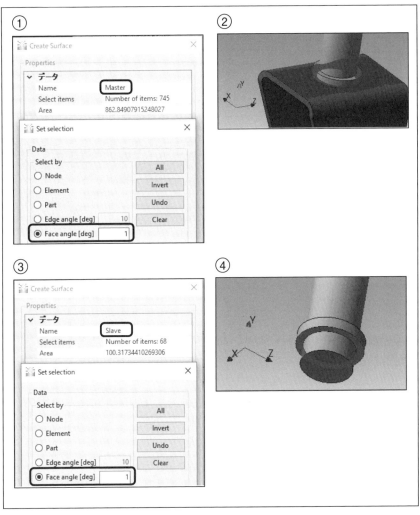

図6-6　固着の設定面の指定

第6章　「複数部品」の「アセンブリ・モデル」の解析方法

　以上で条件設定面の指定を終えたので、解析モデル全体を表示しておきます。

　操作の結果は、図形表示の下の「ログパネル」に表示されるので、確認してみてください。

　なお、「接触解析」では、「INP」形式の形状データを用いており、まず「Node sets」を作ってから、これを「Surfaces」に変換しました。

　しかし、この「アセンブリ・モデル」では、「STL」形式の形状データを用いており、初めから「Surfaces」以に下の4つの面を指定しています。

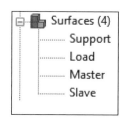

　この設定方法の違いについては、「形状データ」が含む情報の違いが原因だと思われます。

　まず、「INP」形式の場合は入力情報の中から直接にメッシュの「節点情報のみ」を読み込むことで、この「節点群」を「Node sets」で指定してから、境界条件面を「Surfaces」で設定しました。

　一方、「STL」形式では「形状情報のみ」であり、これを「PrePoMax」でメッシュ作成しており、内部でメッシュの節点情報と形状の面情報の両方があるので、直接に「Surfaces」を用いて境界条件面を設定できたと思います。

6-2 「アセンブリ・モデル」の「構造解析」

■「解析モデル」の「材料設定」

ここで2つの部品「Bracket」「Post」に対して、「材料特性」を設定します。

＊

まず、材料特性として、動画の例題のとおり一般的な鋼材「S235」を想定します。

□「オブジェクト・ブラウザ」の項目「Materials」を「ダブル・クリック」して、「Create Material」パネルを**図6-7①**のように表示させます。

□「Material name」の項目を「S235」として、基本となる例題のため材料は「弾性」として「Elasticity」項目の「Elastic」を選択します。

続いて、⇨ ボタンを押して、左側の「Selected models」で選択した項目「Elastic」を、右側のSelected modelsに設定します。

□次に、「Properties」の欄に「Young's modul」「Poisson's ratio」の2つの欄が出来るので、以下のように設定します。

値の欄をマウスでクリックすると変更できます。

```
Young's modul：210000　（210000MPa=210GPa）
Poisson's ratio：0.3　（単位なし）
```

「OK」で進めると、「オブジェクト・ブラウザ」の「Material」項目に「S235」が追加されます。

＊

この例題では、2つの部品は「同じ材料」である「S235」を用いるので、2つの部品「Bracket」「Post」を結合した対象名「All」を定義します。

177

第6章 「複数部品」の「アセンブリ・モデル」の解析方法

□まず、「Element sets」項目を「ダブル・クリック」して、**図6-7**②の「Edit Element set」パネルを表示します。

□「Name」項目は「All」として、対象を選択するために「Select items」の「Empty」をクリック。⋯ ボタンを押して、「Set selection」パネルを表示します。

□この場合は「部品単位」で指定するので、「Part」を選択して、Shiftキーを用いて**図6-7**③のように2つの部品を指定して「赤色表示」させます。
　「OK」を続けて確定します。

□「実際の材料の割当」を行なうために、「Sections」項目を「ダブル・クリック」して、「Create Section」パネルを**図6-7**④のように表示します。

　データ項目において、「Name」は「S235_vol」として、「Material」はすでに定義した「S235」が指定されます。

＊

　次の「Region type」は、個別の部品の指定は「Part name」で行ないます。
　しかし、今回のような複数部品を結合して「Element sets」を作っているときは、「Element set name」を選択し、「Element set」では「All」が指定されています。
　これで「OK」で、確定します。

6-2 「アセンブリ・モデル」の「構造解析」

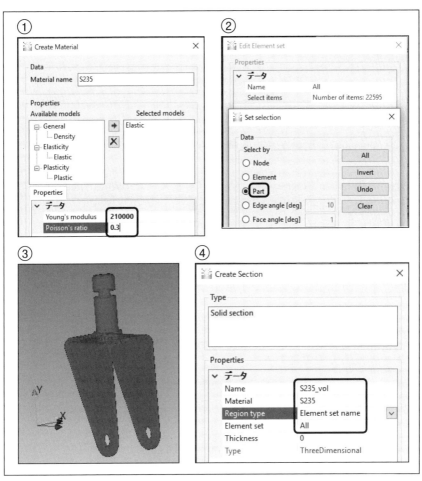

図6-7 材料情報の設定

■「部品を結合」する「固着」の設定

　この「アセンブリ・モデル」の解析では、2つの部品「Bracket」「Post」を結合するために「固着」させます。

　「接触」が「摩擦や移動」を考慮するのに対して、「固着」では「完全に結合して一体化した」状態を作ります。

第6章 「複数部品」の「アセンブリ・モデル」の解析方法

□この設定を行なうために、「オブジェクト・ブラウザ」の「Constraints」
項目を「ダブル・クリック」して、「Create Material」パネルを**図6-8①**の
ように表示させます。

「固着の形式Type」としては、「Rigid body」「Tie」の2つがありますが、ここ
では「剛体物体：Rigid body」ではなく、「固着：Tie」を選択すると、以下
に「Properties」の項目が表示されます。

□データ項目で、「Name」は「Tie-1」のままで、「Slave surface」は先に設
定した「Slave」面を選択し、「Master surface」も先に設定した「Master」
面を選択します。

「Position tolerance」とは、「固着する面を構成する節点のずれ」の許容
範囲でる。「Default」でいいですが、内部的にこの値は「0.1mm」となって
います。

「Adjust」は「Yes」として「Slaveの節点」が「Masterの面」に投影させ
ることにします。

これで「OK」で確定します。

＊

これで、**図6-8②**のように、「Master」が「Bracket」の上面となり「橙色」
で、「Slave」が「Post」の接触面となり「赤色」で表示されています。

> ※　なお、「接触解析」の場合に、条件を「Master & Slave」で設定する場合
> には、大きく接触される方を「面」として「Master」にし、小さく接触する
> 方を「点」として「Slave」にします。
> 　ここで設定した「Tie-1」は1つの要素（部品）となるので、表示の可否が
> 選択できます。

180

6-2 「アセンブリ・モデル」の「構造解析」

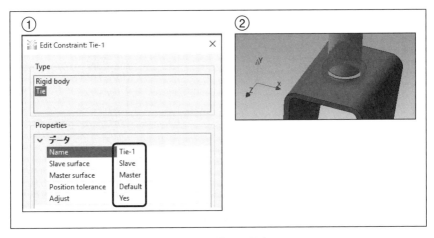

図6-8　固着面の設定

■解析条件の設定

続いて解析条件を設定します。

＊

「オブジェクト・ブラウザ」の項目「Steps」を「ダブル・クリック」して、「Create Step」パネルを図6-9①のように表示させます。

ここで「Static step」に対して、下側に「Properties」の項目がデータとして2つ表示されます。

1・**Name**：　増分ステップ設定の名称で、ここでは「**Step-1**」のままにします。
2・**Nlgeom**：「Non-Linear Geometry」の「On/Off」設定で、ここでは「**Off**」に変更します。
（ここでは「大変形解析」と考えないため、「幾何学的非線形性」を考慮しません）

初期設定のまま「OK」で確定します。

図6-9②のように「オブジェクト・ブラウザ」の「Steps」項目に「Step-1」に加えて3項目（「Field outputs」「BCs」「Loads」）が追加されます。

第6章 「複数部品」の「アセンブリ・モデル」の解析方法

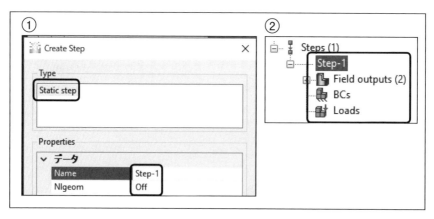

図6-9 解析条件の設定

■固定と荷重の条件設定

続いて、先に設定した解析条件「Step-1」の項目「BCs（Boundary Conditions）：固定条件」と「Loads：荷重条件」を、設定します。

＊

まず、「固定条件：Support」を設定します。

□「オブジェクト・ブラウザ」の先に作成した解析設定「Step-1」の下にある項目「BCs」を「ダブル・クリック」して、「Create Boundary Condition」パネルを**図6-10①**のように表示させます。

□パネルには、Propertiesの下に「DOF」「データ」の2つの項目として表示されます。

＊

まず、下にある「データ」の**3項目**を設定します。

1・Name：「設定する固定条件の名称」で、ここでは「b_support」に変更する。

　　※現在の「PrePoMax」はこの設定では、「Support」と同じ名称が使えますが、「オブジェクト・ブラウザ」で名称を区別するため、ここでは変更します。

6-2 「アセンブリ・モデル」の「構造解析」

2・Surface：「固定条件を設定する対象の選択」で、ここでは先に設定した4つの中から、「グラフィック・パネル」で位置を図6-10②のように「赤色節点群」として確認して「Support」を選択します。

※ここではNode setsを作っていないので、Surfaceから指定します。

3・DOF (Degree of freedom)：「設定する固定条件での拘束する自由度」を選択します。

「Unconstrained」とある欄をクリックして、右端の $\boxed{V}$ ボタンをクリック。

すると、選択できる候補「Unconstrained／0」表示されます。ここでは、「3次元要素の節点」ですから「3自由度(XYZ方向)」を固定するので、「U1」「U2」「U3」の項目を「0」とします。

次に、「Loads：荷重条件」を設定します。

＊

□「オブジェクト・ブラウザ」の先に作成した解析設定「Step-1」の下にある項目「Loads」を「ダブル・クリック」して、「Create Load」パネルを図6-10③のように表示させます。

ここでは、「Postの上面Load」に「分布荷重」を作用させるので、「Type」は「分布荷重」の「Surface traction」を選択します。

データ項目の「Name」は「Load-1」のまま、「Surface」は定義した4つの面から「Load」を選択します。

「荷重値」は「Y軸方向」下向きに「1000N/mm2」を作用させるので、「X:1／Y:2／Z:3」で対応する「F2」項目に「-1000」を設定します。

「OK」で確定します。

183

第6章　「複数部品」の「アセンブリ・モデル」の解析方法

　　結果として図6-10④のように、「Load」面に「Y軸」下向きの「赤色矢印」が表示されます。

　　　※　なお、「赤色」表示は、「選択した対象」を表わしています。

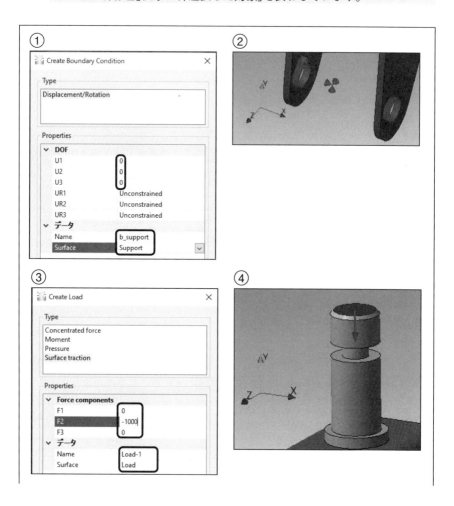

6-2 「アセンブリ・モデル」の「構造解析」

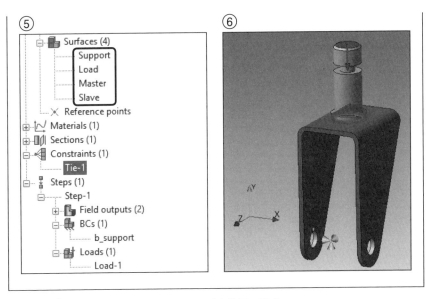

図6-10 固定と荷重の設定

　以上をまとめると、**図6-10⑤**で示す「Surfaces」で定義した「4つの面」は、**図6-10⑥**に示す「4色」の割当になります。

1　青色：Load　　「荷重条件」(Y軸下向きに1000N/m2)
2　緑色：Support「固定条件」(XYZ方向すべてに変位0で固定)
3　赤色：Slave　　「固着設定」(スレーブ側)
4　橙色：Master　「固着設定」(マスター側)

　※　なお、この色の設定は、「メニュー」の「Tools⇒Settings」にある「Pre-processing」より、以下のように確認できて、変更も可能です。

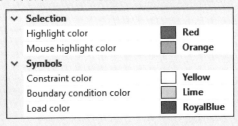

185

第6章　「複数部品」の「アセンブリ・モデル」の解析方法

　「解析条件」の設定が完了したので、この状態を、解析フォルダEx5の中に「Ex5-1.pmx」として、「File⇒Save as」で保存しておきます。

> ※　ここで、保存する「ファイル名」が決まっていない最初の状態で、「File⇒Save」とすると保存ができず操作ができなくなります。
> 　この場合は「PrePoMax」を右上「×ボタン」で終わらせ、このときに保存を確認されるので、ここで保存してください。

6-3 「アセンブリ・モデル」の「実行」と「可視化」

■「アセンブリ・モデル」の「解析実行」

□「オブジェクト・ブラウザ」の一番下の項目「Analyses」を「ダブル・クリック」して、「Create Analysis」パネルを**図6-11①**のように表示させます。

　現在の「PrePoMax」では解析のデータ設定において、以下の**5つ**の項目が用意されています。

　まずは、すべて「このまま」とします。

1・Name：
　　「設定する解析実行の名称」で、ここでは「Analysis-1」のまま
2・Executable：
　　「PrePoMax」で用いる解析ソルバー「CalculiX」のCCXの指定
3・Ecexutable arguments：
　　「解析実行時の追加設定」で「Analysis-1」のまま
4・Work directory：
　　「CalculiX」が実行する時の「作業用ディレクトリ」の指定
5・Number of processors：
　　解析に用いる「プロセッサ（CPUコア）数」で「1」

□「OK」で確定すると、「オブジェクト・ブラウザ」の「Analysis」項目に「Analysis-1」が追加されます。

　この項目に「赤色三角」の表示は、解析が実行されていないことを表わしています。

□続いて項目「Analysis-1」を右クリックして、メニュー**図6-11②**より「Run」を選択して、解析を実行します。

187

第6章 「複数部品」の「アセンブリ・モデル」の解析方法

□解析結果の上書きの確認は「OK」で進めます。解析の状態を示すログを表示するために「Monitor」パネルに「*WARNING」が表示されますが問題はありません。

最後に、「Job finished ／ Elapsed time [s]: 11.3419731」となり完了します。

> ※ ちなみに、検証で用いたPCは、「Intel Corei7-2.8GHz」で、「逐次処理」しています。

*

次に、このCPUは「2コア」なので、「並列処理」を確認してみます。

□図6-11①の「Number of processors」を「2」に変更して、再度Runで実行してみます。

計算時間は「9.608sec」となって若干短縮されました。

「解析モデル」は要素数2万個程度で非常に小さいので、効果があまり見られませんが、「並列処理」は動作しています。

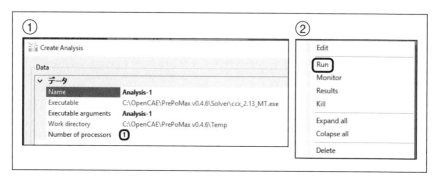

図6-11　並列計算による解析実行

6-3 「アセンブリ・モデル」の「実行」と「可視化」

■「解析結果」の「可視化」と「分析」

以上で「解析」が正常に完了したら、結果の「可視化」を行ないます。

*

□ここでは、「解析」のログを表示した「Monitor」パネルから「Results」
ボタンを押します。

□まず、変形図が**図6-12①**のように表示されます。

　下の結果情報を見ると、「変形の表示倍率：Deformation scale factor」
が「1」であり、ほとんど変形が分かりません。

□そこで、「Tools⇒Settings」の「Post-processing」より、「Deformation
scale factor」を「User defined」に変更し、**図6-12②**のように下に追加され
た「Value」を「200」に設定します。

　これにより**図6-12③**のように極端に表示した変形状態が確認できます。

> ※　なお、これは表示の倍率だけなので、「変形量」は、最大が「4.547E-
> 002」なので実際には「0.04547mm」となります。

□次に、応力「STRESS」項目の「MISES」を表示すると、**図6-12④**のよう
になります。
　しかし、「固着面」で「最大応力」になっているようで、詳細が分かりませ
ん。

□そこで、「3次元表示」の「Bracket」を右クリックして、「Hide」で隠すと、
図6-12⑤のように「Post」の「固着面」での「最大応力の場所」が確認でき
ます。

*

　この「アセンブリ・モデル」では、全体で「7つ」の部品がありましたが、
「解析対象」にしたのは「**Bracket**」「**Post**」の「2つ」です。

189

第6章 「複数部品」の「アセンブリ・モデル」の解析方法

　そこで、「オブジェクト・ブラウザ」の「Geometry」タブにおいて、「Hide」で隠していた「5つ」の部品を「結果表示」と重ねることにします。

□隠していた「Bushing」「Cirlip」「Shaft」「Wheel」「Wheel_outter」を選択して、図6-12⑥の右クリックメニュー「Show」で表示を選択し、さらに右クリックメニューの「Copy geometry to results」を選択すると、図6-12⑦のように、「解析結果」と「対象外の他の部品」を重ねて表示できます。

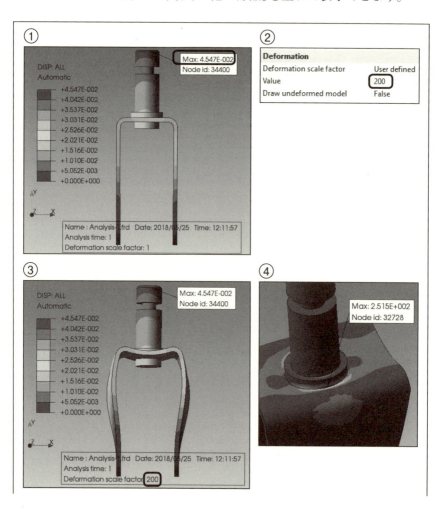

6-3 「アセンブリ・モデル」の「実行」と「可視化」

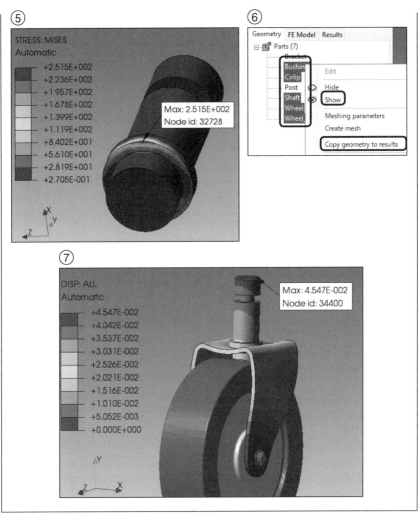

図6-12 「アセンブリ・モデル」の「結果可視化」

*

ここで、「複数の部品から構成される構造物の解析」では、「結果の表示」において「モデルの色合いに合わせ」たり、「透明にして隠れた部分も見えるように」すると便利です。

*

この方法を説明します。

第6章 「複数部品」の「アセンブリ・モデル」の解析方法

□たとえば、「アセンブリ・モデル」の「車輪：Wheel_outter」が図6-12⑦では「緑色」ですが、この部品の右クリックのメニューから「Edit」を選択すると、「Edit Part: Wheel_outter_Copy-1」パネルが表示されます。

□この表示項目の「Part color」の「緑色」をクリックして [V] ボタンを押すと、図6-13①に示すような「色選択パネル」が表示されるので、「黒色」を選択して「OK」で確定します。

これで図6-13②に示すように、車輪が「黒色」になります。

□さらに、「色選択パネル」の右端のスライダーで透明度を選択すると、図6-13③に示すように車輪が透けて見えます。
ホイールも調整すると、図6-13④に示すようになります。

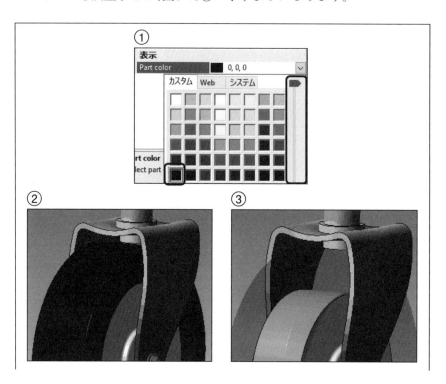

192

6-3 「アセンブリ・モデル」の「実行」と「可視化」

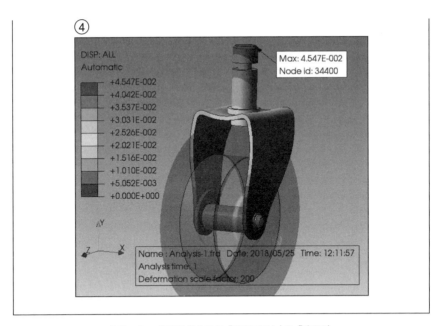

図6-13 「可視化」での「表現方法」の「変更」

第7章

「精度向上」や「形状変化」に対する「メッシュ更新」

この例題では機械部品の「構造解析」を行ないます。

まず、「メッシュ更新」による解析結果の変化を分析します。

次に、「境界条件」を流用して、修正された異なる形状に対し、効率良く解析をする手順を示します。

「構造解析」の「応力分布」に応じて補強部材を追加した場合、改めて読み込んだ修正形状に対して、「材料情報」や「境界条件」を再び設定する手間を省く手順を示します。

この機能があることによって、「PrePoMax」は、実践的な構造解析にとって非常に有効なツールになっています。

第7章 「精度向上」や「形状変化」に対する「メッシュ更新」

7-1 「メッシュ更新」を検討する「解析モデル」

　ものづくりにおける「CAE活用」の利点として、試作品などを用いた実験検証に比べて、「経費や時間などのコストを削減できる」ことがあります。

　最近は「3Dプリンタ」の活用で「形状モデル」を作ることは簡単になりましたが、それでも正確な構造挙動を調べるには、測定に相当の工夫が必要だと聞きます。

　そこで「CAE」では、完全に「デジタルデータだけ」で「形状作成」や「解析実行」「結果評価」などを行ないます。
　これによって、「開発」と「検証」のサイクルを迅速に進めることが可能となり、製品の高度化を実現するための「必須技術」となっています。

　そうなると、実践的な「CAE活用」の手順で、注意が必要な場面である「メッシュ作成」において、「適切な設定」を見つけるための試行錯誤には、「効率的な操作手順」が必要となります。

　「オープンCAE」では、この部分で「商用ツール」に比べて随分と遅れている印象がありました。

　ところが、「PrePoMax」は「実践的な構造解析」を目標に設計されていると思われ、このような要求に応えるような機能が実現されています。

　具体的には、**図7-1**①に示すように「メッシュの粗密」を簡単に変更でき、**図7-1**②に示すように「補強部品の追加」も容易に対応できます。

　この方法を説明します。

7-1 「メッシュ更新」を検討する「解析モデル」

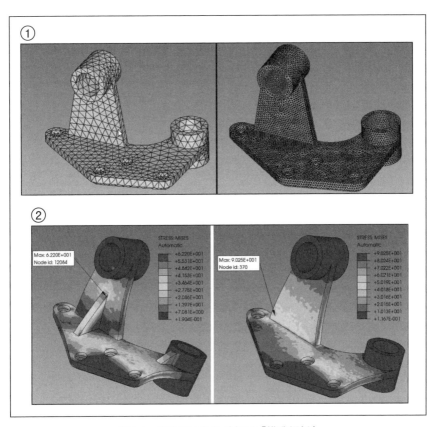

図7-1　実践的なものづくりの「構造解析」

■「解析モデル」の基本形状の読み込

□まず、解析作業フォルダ「C:￥OpenCAE￥PrePoMax v0.4.6￥Work」の中に、「メッシュ修正解析用フォルダ」として「Ex6」を作ります。

　ここで用いる例題の形状は、「PrePoMax」の「インストール・フォルダ」の中にある「Models」フォルダ「C:￥OpenCAE￥PrePoMax v0.4.6￥Models」の中にある「bracket_c.STL」「bracket_d.STL」の2つのファイルを利用するので、この2つを「解析フォルダ」の中にコピーしておきます。
＊
それでは、「PrePoMax」で、これらの「形状データ」を読み込みます。

第7章 「精度向上」や「形状変化」に対する「メッシュ更新」

□まず、「PrePoMax」を起動すると、終了時の状態に復帰して「アセンブリ・モデル」解析の状態となっているので、「File⇒New」として「新規の解析」を始めます。

　このとき現状のデータを閉じていいか確認されるので、保存してあれば、「OK」で進めます。

> ※　なお、ツールバーの左端の「New model」ボタンでも同じことができます。

□メニューの「File⇒Import」より、基本形状の「bracket_c.STL」を選択し「開く」で進めると、**図7-2①**のような部品が表示されます。

> ※　なお、「左」は「Show element edges」の表示、「右」は「Show model edges」で、ツールバーで変更できます。

　この「STL」形式のデータは、物体の表面を「三角形」で分割して幾何学的な形状を定義しています。
　一見して、「三角形」4枚の「有限要素法」の「四面体要素」の「表面メッシュ」のようにも見えますが、あくまでも表面「形状データ」です。

□形状の寸法を確認するために、メニューの「Tools⇒Query」で**図7-2②**のパネルを表示。

　「Bounding box size」を選択すると、**図7-2③**のログ表示があり、Size項目を見ると、以下となります。

Size x, y, z: 2.094767E+002, 1.500000E+002, 1.611224E+002」

　寸法は、機械部品として「209.5・150・161.1mm」であることが分かります。
　また、部品の最薄部の板厚は、「Query」パネルの「Distance」で調べると、板厚は「10mm」のようです。

7-1 「メッシュ更新」を検討する「解析モデル」

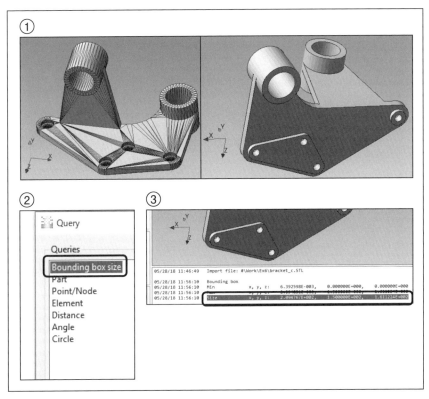

図7-2 「形状モデル」の読み込み

■基本形状のデフォルトの「メッシュ作成」

この「STL」形式の「形状モデル」は、表面の形状を「三角形」で定義していますが、「メッシュ」では「形状内部」も「4面体」の「有限要素」(テトラ要素)で「メッシュ」を作ります。

現在は「オブジェクト・ブラウザ」の「Geometry」タブに、Partsとして「baracket_c」が表示されています。

これを選択し、「右クリックメニュー」の「Meshing paramters」を選択すると、図7-3①のような「Edit Meshing Parameters: bracket_c」パネルが表示されます。

199

第7章 「精度向上」や「形状変化」に対する「メッシュ更新」

ここで先の部品の寸法を踏まえて「メッシュの大きさ」を決定します。

基本形状の最初のメッシュとして、全体の寸法が「200mm」程度なので、「Max element size」を提案の「10mm」で、「Min element size」を「1mm」として、「OK」で確定します。

> ※　なお、「Type」項目の「Second order」を「False」としているので、2次要素ではありません。

なお、この提案の寸法は、後で詳しく説明しますが、大きすぎる値であり、メッシュ作成での上限値となります。

充分な精度の「構造解析」を実現するには、これよりも小さな寸法でメッシュを作る必要があります。

実際のメッシュの計算は「右クリックメニュー」の「Create mesh」を選択します。
これにより「ログ・ファイル」を見ると、以下の情報が表示され、「節点数：1380個」「要素数：4018個」を「2.11秒」で生成したことが分かります。

結果は**図7-3②**のようになります。
「Points: 1380 / Elements: 4018 / Elapsed time [s]: 2.1145012」

この状態は、「要素基準寸法」の最大値「10mm」に対応して、「10mmの板厚」に「1層」の要素が設定されており、全体も同様な密度になっています。
ただし、小さな「孔」の周囲は、**図7-3③**のように「円孔」を表現するために少し細かな「メッシュ」となっています。

これより「FE Model」タブの中に「メッシュ・データ」を含め、「有限要素法」(FEM)を実現するために必要な情報が**図7-3④**のように並び、今回作った「メッシュ」が「Parts」項目の「bracket_c」になります。
(選択すると、「図形表示」が「赤色」になることで確認できます)。

200

7-1 「メッシュ更新」を検討する「解析モデル」

この「メッシュ」を作った状態で、途中ですが、保存しておきます。

メニューの「File⇒Save as」で、解析フォルダ「Ex6」の中に、「ex6-1.pmx」として保存します。

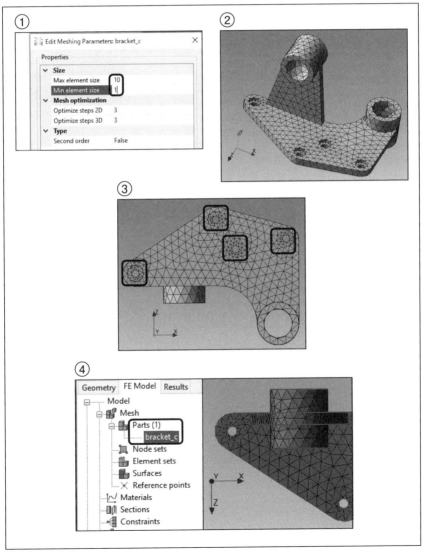

図7-3 「基本形状」のメッシュ作成

第7章 「精度向上」や「形状変化」に対する「メッシュ更新」

■「基本形状モデル」の「境界条件」設定

　ここでの演習では、「STL」形式のデータを読み込んで、「PrePoMax」の中でメッシュを生成しています。

　先の「アセンブリ・モデル」の解析も同様な手順だったので、「Node sets」機能を用いた「節点群の指定」をせずに、「境界条件」を設定する表面を直接「Surfaces」機能で指定しています。

　つまり、「指定した表面」の情報とそこに含まれる「節点群」の「対応情報」を、「PrePoMax」が持っているので「面」を直接指定できるとすれば、この演習でも同様なはずです。

　しかし、参照する「動画情報」では、バージョンが「0.4.2」のためか、後で補強を追加した類似形状に対して「境界条件」を移すためか、「固定条件」の設定では、まず「節点群」を指定しているので、以下の説明でも動画に沿った形で行ないます。

＊

　具体的には、以下の設定を行ないます。

固定条件：**点群指定**：Support（部品の底面の2つの面を合わせて設定）
荷重条件：**表面指定**：Load-1とLoad-2（部品の2つの取付穴部にそれぞれ設定）

□まず、「固定条件：Support」の節点群を指定します。

　「オブジェクト・ブラウザ」の「Node sets」項目を「ダブル・クリック」して、**図7-4①**に示す「Edit Node set」パネルを表示します。

　「Name」項目は「Support」として、「Select items」から「Face angle 10deg」を選択。

　図7-4②に示す2つの底面に対して、Shiftを押しながら選択。

202

7-1 「メッシュ更新」を検討する「解析モデル」

「OK」2回で確定。

□次に、「荷重条件：Load-1とLoad-2の設定面を指定。

「オブジェクト・ブラウザ」のSurfaces項目を「ダブル・クリック」して、図7-4③に示す「Create Surface」パネルを表示。

「Name」項目は「Load-1」として、「Select items」からの「Face angle」において、「取付穴 内側」を選択。

角度「45deg」を設定して、図7-4④に示す穴を選択。

「OK」2回で確定。

同様な方法で「荷重条件：Load-2」についても、図7-4⑤と図7-4⑥のように設定します。

> ※ なお、設定面の結果を見ると「面積」(平方mm)の値が計算されており、「分布荷重」として設定する値を計算するときに参考になります。

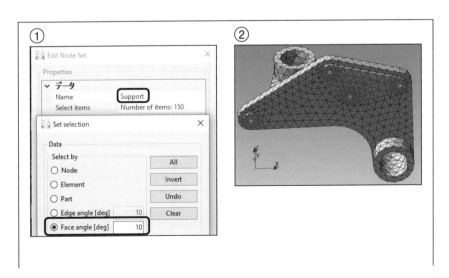

203

第7章 「精度向上」や「形状変化」に対する「メッシュ更新」

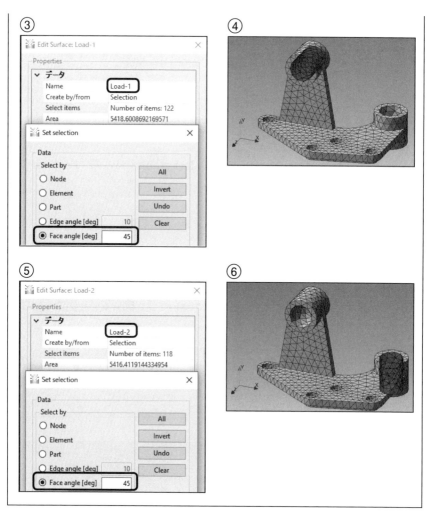

図7-4 基本「形状モデル」の「境界条件」

＊

　以上で、「固定」と「荷重」の「境界条件」を設定する「点群」や「表面」を指定できました。

7-2 「メッシュ更新」の「解析条件」の設定

■「材料情報」の設定

「解析モデル」「bracket_c」に対して、「材料特性」を設定します。ここでは、動画の例題のとおり一般的な鋼材「S235」を想定します。

□「オブジェクト・ブラウザ」の項目「Materials」を「ダブル・クリック」して、「Create Material」パネルを図7-5①のように表示させます。

「Material name」の項目を「S235」として、基本となる例題のため材料は弾性として Elasticity 項目の「Elastic」を選択。

□続いて ⇒ ボタンを押し、左側の「Selected models」で選択した項目「Elastic」を、右側の「Selected models」に設定します。

□次に、「Properties」の欄に「Young's modul」「Poisson's ratio」の2つの欄が出来るので、以下のように設定します。

値の欄をマウスでクリックすると、変更できます。

Young's modul：210000　（210000MPa=210GPa）
Poisson's ratio：0.3　（単位なし）

これで「OK」で進めて「オブジェクト・ブラウザ」の「Material」項目に「S235」が追加されます。

□「実際の材料の割当」を行なうために、「Sections」項目を「ダブル・クリック」して、「Create Section」パネルを図7-5②のように表示します。

データ項目において、「Name」は提示の「Section-1」として、Material は既に定義した「S235」が指定されます。

「Part」は1つの部品のみなので提示「bracket_c」のまま、何も変更しません。これで「OK」で確定します。

205

第7章 「精度向上」や「形状変化」に対する「メッシュ更新」

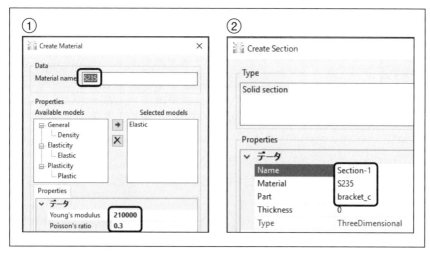

図7-5 材料情報の設定

■「解析条件」の設定

続いて「解析条件」を設定します。

「オブジェクト・ブラウザ」の項目「Steps」を「ダブル・クリック」して、「Create Step」パネルを図7-6①のように表示させます。

ここで「Static step」に対して、下側に「Properties」の項目がデータとして2つ表示されます。

1・**Name**： 　増分ステップ設定の名称で、ここでは「**Step-1**」のままにします。
2・**Nlgeom**： 「Non-Linear Geometry」の「On/Off」設定で、ここでは「**Off**」に変更します。
(ここでは大変形と考えないため、幾何学的非線形性を考慮しません)

「OK」で確定します。

7-2 「メッシュ更新」の「解析条件」の設定

　図7-6②のように「オブジェクト・ブラウザ」の「Steps」項目に「Step-1」に加えて**3項目**（「Field outputs」「BCs」「Loads」）が追加されます。

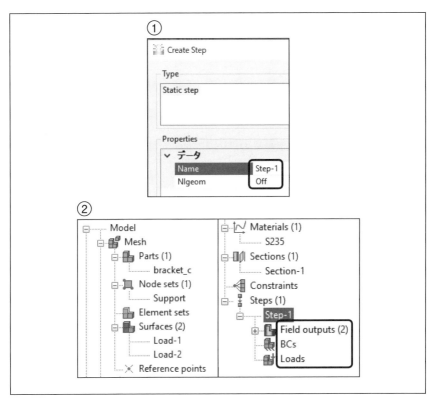

図7-6　「解析条件」の設定準備

■「境界条件」の設定

　続いて、先に設定した解析条件「Step-1」の項目「BCs (Boundary Conditions)：固定条件」と「Loads：荷重条件」を設定します。

□まず、「固定条件：Support」を設定。
　「オブジェクト・ブラウザ」の先に作った解析設定「Step-1」の下にある項目「BCs」を、「ダブル・クリック」します。

第7章 「精度向上」や「形状変化」に対する「メッシュ更新」

「Create Boundary Condition」パネルを**図7-7①**のように表示させます。

パネルには、Propertiesの下に「DOF」「データ」の2つの項目として表示されます。

□下にある「データ」の**4項目**を設定します。

1・Name：設定する固定条件の名称で、ここでは「b_support」に変更。

2・Region type：固定条件は節点群「Node set name」に設定。

3・Node set：

固定条件を設定する対象の選択で、ここでは先に設定した「Support」を選択。

形状表示で位置を**図7-7②**のように赤色節点群として確認します。

4・DOF (Degree of freedom)：

設定する固定条件での拘束する自由度を選択。

ここでは、3次元要素の節点なので3自由度 (XYZ方向)を固定するので、「U1」「U2」「U3」の項目を「0」とします。

「OK」で確定。

□次に、「Loads：荷重条件」として、「Load-1」「Load-2」を設定します。

「オブジェクト・ブラウザ」の先に作成した解析設定「Step-1」の下にある項目「Loads」を「ダブル・クリック」して、「Create Load」パネルを**図7-7③**のように表示させます。

ここでは、2つの取付穴のような部分に設定するので、「Type」は「Surface traction」を選択します。

□データ項目の「Name」は、「Surfaces」の名称と区別するために「Force-1」に変更して、「Surface」は定義した2つの面から「Load-1」を選択します。

荷重値は斜め方向に作用させるので分力を作って、「X:1 / Y:2 / Z:3」で対応する値として「0 / -500 / -1000」を設定します。

208

7-2 「メッシュ更新」の「解析条件」の設定

「OK」で確定します。

結果として、図7-7④のように、「Load」面に「Y軸斜め下向き」の「赤色」矢印が表示されます。

※ なお、赤色表示は、選択した対象を表しています。

□同様に、もう1つの「Load-2」は、図7-7⑤のように「Name」は「Force-2」とし、Surfaceは「Load-2」、分力の値は「0 / -1000 / 0」を設定。

「OK」で確定します。

結果として図7-7⑥のように表示されます。
2つの「荷重」が「青色矢印」で表示されています。

※ 荷重の値の単位は、「等分布荷重」として「N/m^2」となります。

□「解析条件」の設定が完了したので、この状態を、解析フォルダ「Ex6」の中に、「File⇒Save」で保存しておきます。

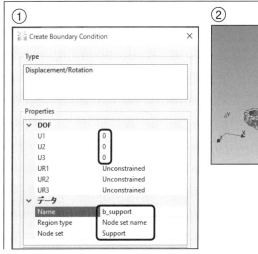
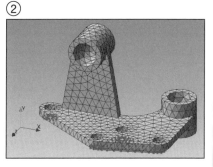

209

第7章 「精度向上」や「形状変化」に対する「メッシュ更新」

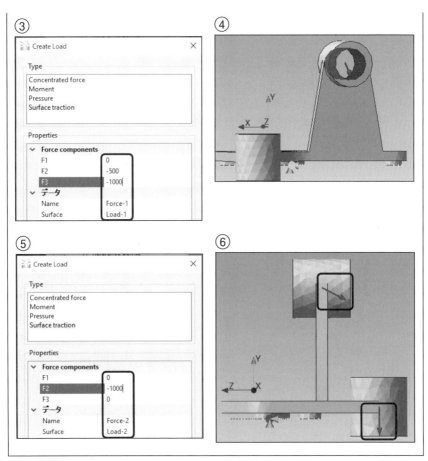

図7-7 「固定」と「荷重」の設定

7-2 「メッシュ更新」の「解析条件」の設定

■基本形状の「解析実行」と「結果確認」

□「オブジェクト・ブラウザ」のいちばん下の項目「Analyses」を「ダブル・クリック」して、「Create Analysis」パネルを**図7-8①**のように表示させます。

現在の「PrePoMax」では解析のデータ設定において、図のような5つの項目が用意されていますが、すべてこのままとします。

「OK」で確定すると、「オブジェクト・ブラウザ」の「Analysis」項目に「Analysis-1」が追加されます。

この項目にある「赤色三角の表示」は、解析が実行されていないことを表わしています。

□続いて項目「Analysis-1」を右クリックして、メニューより「Run」を選択して解析を実行。

解析結果の上書きの確認は、「OK」で進めます。

最後に、「**Job finished ／ Elapsed time [s]: 0.5203654**」となり、完了します。

＊

以上で解析が正常に完了したら、「結果の可視化」を行ないます。

ここでは、解析のログを表示した「Monitor」パネルから「Results」ボタンを押して「可視化」を行ないます。

□まず、変形図が**図7-8②**のように表示されます。

「最大変形量」は「Y軸上部取付穴1」の「Load-1」にある「赤色」の部分で、「**0.1933mm**」となりました。

続いて、「Mises」応力を見ます。

211

第7章 「精度向上」や「形状変化」に対する「メッシュ更新」

　図7-8③のように底面の「Support」の固定部において、ボルト穴の周辺が荷重によって、曲がるときの荷重の集中により「48.50N」の応力が生じています。

＊

　以上では、動画の手順に沿って、基本的な「構造解析」の手順を説明しました。
□この動画では前半で用いた「PrePoMax ver0.4.2」を利用していますが、本章の解析では、最新版の「ver0.4.6」を用いています。

　実は、「ver0.4.5」から「構造解析」の結果分析に不可欠である「主応力の計算と表示」が可能になっています。
　そこで、以上の解析結果において「主応力」を確認してみます。

　「オブジェクト・ブラウザ」の「Results」タブにおいて、「STREE」項目より主応力に関して4つの項目が選択できるので、図7-8④に「PRINCIPAL-MAX」、図7-8⑤に「PRINCIPAL-MIN」を示しています。

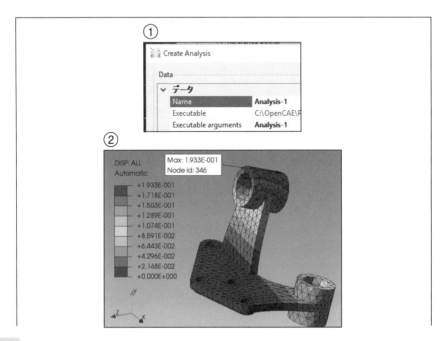

7-2 「メッシュ更新」の「解析条件」の設定

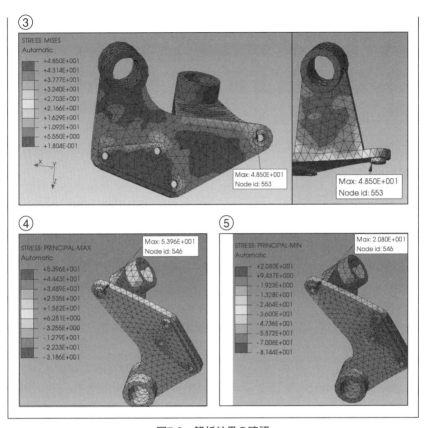

図7-8 解析結果の確認

第7章 「精度向上」や「形状変化」に対する「メッシュ更新」

7-3 「メッシュの更新」と再計算の方法

■「メッシュの更新」と「再計算」の方法

先の解析のメッシュを見ると、「曲げ変形」が生じている板の部分で要素が「1層」になっています。

本来ならば「曲げ変形」は「圧縮側」と「引張側」があるので、より精度の良い結果を得るためには、「板部分」を「2層以上」にする必要があります。

現在の「メッシュ設定」では、要素の「基準寸法」を「最大10mm」「最小1mm」としていますが、板厚が「10mm」に対して、要素の最大が「10mm」なので、「1層」になっているわけです。

＊

「有限要素法」の理論から言って、このように粗いメッシュの場合には、「構造物」が「固め」に評価されることが知られています。

つまり、先ほどの結果、最大変形量「0.1933mm」は、「小さすぎる値」であると予想されます。

＊

「ものづくり」において、「実際の構造物」に比べて「解析のモデル」が、誤って「固め」に設定されることは、解析結果の変形量を小さ目の危険側に評価することになり、非常に問題となります。

適切なメッシュ設定が、「有限要素法解析」では不可欠となります。

＊

そこで「メッシュ」を「調整」した「解析の試行錯誤」が必要になるのですが、効果的な「ものづくり」に対応した「PrePoMax」では、専用機能「Regenerate for remeshing」をもっています。

214

7-3 「メッシュの更新」と再計算の方法

□まず、**図7-9**①のようにメニューの「Edit⇒Regenerate for remeshing」を選択します。

再び、「Edit Meshing Parameters: bracket_c」パネルが表示されます。

□「板厚10mm」に「2層の要素」が作れるように、要素の基準寸法を**図7-9**②のように「最大5mm」「最小1mm」に設定して、「OK」で進めます。

これによりメッシュを再生成して、「Points: 4184 / Elements: 13924」の結果となります。

□これで良ければ、さらに「OK」で確認し、新しいメッシュに対して「境界条件」などの設定を自動的に移す作業を進めます。

結果として、**図7-9**③のような詳細なメッシュが作られます。

想定通り板厚に対して2層の要素が並んでおり、最初に設定した「境界条件」も確認できます。

*

なお、数値としては、以下のとおり「節点」は「3.0倍」で、要素は「3.5倍」になっています。

「Points: 1380 ⇒ 4184 / Elements: 4018 ⇒ 13924」

第7章 「精度向上」や「形状変化」に対する「メッシュ更新」

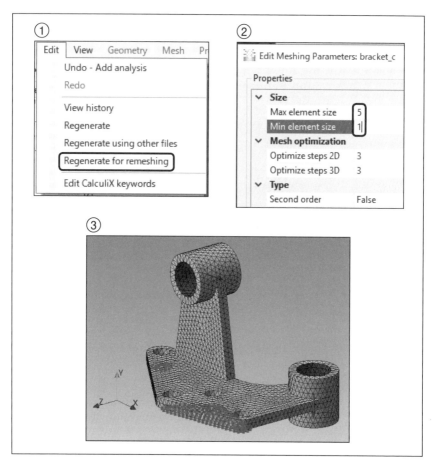

図7-9　詳細なメッシュの再構成

□ここで実際に再計算を行なうために、先ほど同様に「Analysis-1」を「右クリック」して、メニューより「Run」を選択して解析を実行します。

□「解析結果の上書き」の確認は、「OK」で進めます。

□最後に、「Job finished ／ Elapsed time [s]: 0.9078524」となり、完了します。

7-3 「メッシュの更新」と再計算の方法

　先ほどの粗いメッシュの解析が「約0.5秒」でしたから、少し解析時間が長くなりました。

＊

　パネルの「Results」ボタンから、解析結果を確認します。

　図7-10①に示すような変形状態です。

　まず、「最大変形量」が「0.3495mm」で、「1.8倍」の変形となりました。
　「変形拡大倍率」が図7-8②と同じ「200」ですが、ずいぶんと大きく変形していることが分かります。

　さらに「Mises」応力を見ると、図7-10②に示すように、変形量の増加に対応して応力も「60.96N」と、「1.26倍」大きくなっています。

　注意すべきなのは、「粗いメッシュ」では、「固定部の応力」が最大箇所でしたが、今回の結果では「取付け部の板の付け根」が最大になっていることです。

　メッシュの設定によって、「最大値」だけではなく、その「位置」も誤って評価することが分かります。
　これは非常に注意が必要です。

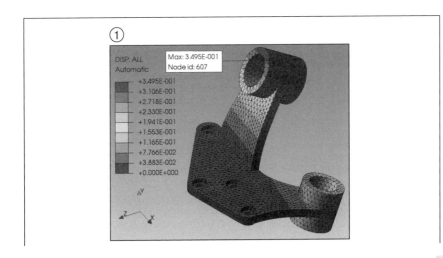

第7章 「精度向上」や「形状変化」に対する「メッシュ更新」

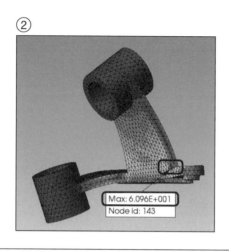

図7-10 詳細メッシュの解析結果

＊

□さらに要素を小さくして、解析結果を確認してみます。

こんどは、「最大3mm」「最小1mm」に設定して、同様に再計算します。

メッシュは以下のように細かくなります。

「Points: 1380⇒4184 ⇒ 13541 / Elements: 4018⇒13924 ⇒ 50284」

この場合には、「板厚10mm」に対して、要素の基準寸法が「3mm」ですから、図7-11①に示すように3層の要素が並んでいます。

再計算を行なうと、解析時間は「3.32秒」で、要素数の増加に対応して少し長くなります。

結果として、「変形図」は図7-11②で最大変形は「0.448mm」とさらに大きくなり、「応力図」は図7-11③で最大値は「90.25N」と大きくなりますが、「位置」は変化していません。

7-3 「メッシュの更新」と再計算の方法

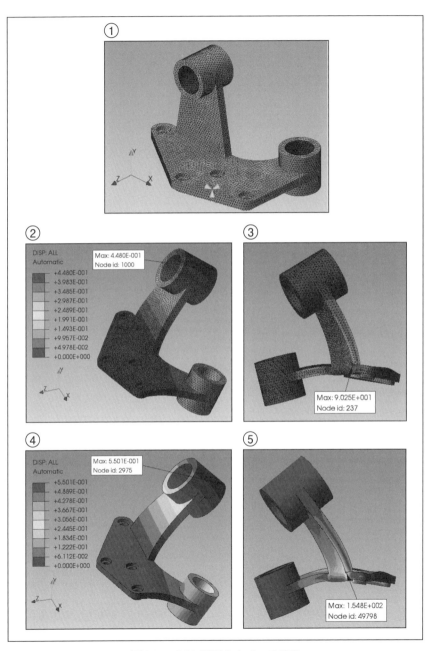

図7-11　さらに詳細なメッシュの結果

第7章 「精度向上」や「形状変化」に対する「メッシュ更新」

　ここまで要素の「基準寸法」の最大値を「10mm⇒5mm⇒3mm」と詳細にしてきました。

　それに対応して「要素数」は「4018⇒13924⇒50284」となり、「最大変形量」は、「0.1933mm⇒0.3495mm⇒0.4480mm」と変化しています。
　つまり、まだ充分に細かなメッシュになっているか分かりません。

□そこで、最大値を「1mm」で解析を行ないます。

　すると、メッシュ作成に数十分とずいぶん時間がかかり、「節点259353」「要素1273403」となり、さらに「境界条件」の設定にも数充分と時間がかかって、解析時間は「379.71秒」となりました。

　メッシュ状態は可視化すると要素の線で真っ黒になるような感じです。

□127万要素と、これだけ要素数が多くなると、メッシュ表示をするときに図形のマウス操作が遅くなるので、「外形の表示」モードにしておきます。

　解析結果は、「変形図」は**図7-11④**で「最大変形」は「0.550mm」とさらに大きくなり、「応力図」は**図7-11⑤**で「最大値」は「154.8N」で、さらに大きくなります。

■「2次要素」を用いた解析精度の確保

　これらの分析より、「メッシュ数によって解析結果は大きく変化する」ことが分かりました。

　しかし、最後の「最大値1mm」メッシュでは、「全体の解析時間」が著しく長くなってしまいます。

　実は、通常の「構造解析」では、このように無暗に「要素数」を増やす方法は適切ではありません。
　たとえば、「三角形」4枚の「四面体要素」ならば、「頂点4つ」の情報で計算

7-3 「メッシュの更新」と再計算の方法

するのではなく、図7-12①に示すように「2次要素」として「10個」の節点で計算することで、「少ない要素数」で解析精度を確保する工夫があります。

この設定は図7-12②に示すように、「Type」項目の「Second order」を「True」にすることで設定できます。

□そこで、最初の設定である「最大値10mm」「最小値1mm」で、「2次要素として」、再計算してみます。

「節点数」は「8089」と増えますが、「要素数」は「4018」と、最初と変わらないので、「解析時間」は「1.47秒」と非常に短いです。

「解析結果」は、「変形図」は図7-12③で「最大変形」は「0.545mm」と「最大値1mm」の場合とほぼ同等の結果となり、「応力図」は図7-12④で最大値は「115.9N」となりました。

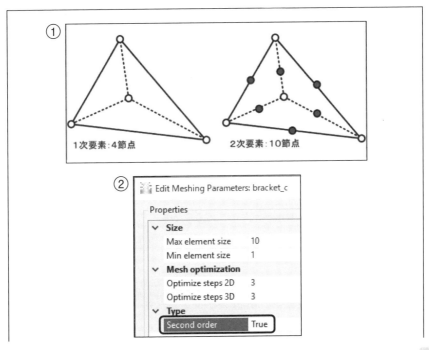

第7章 「精度向上」や「形状変化」に対する「メッシュ更新」

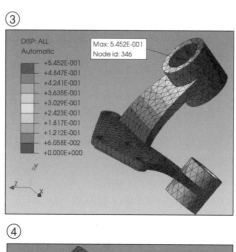

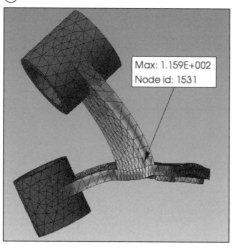

図7-12 「2次要素」による解析結果

＊

　以上で調べたような「要素寸法」「要素数」「解析結果」「解析時間」の関係については、「並列処理」の効果の検証も含めて、**第8章**の「大規模モデル対応と並列解析の可能性」で確認します。

＊

　この段階の「解析設定」を、解析フォルダ「Ex6」の「ex6-1.pmx」に、「File⇒Save」として保存しておきます。

7-4 補強形状を用いた解析設定の更新の方法

前節で説明した通り、「実践的なものづくり」の対応機能として、「PrePoMax」ではメッシュ変更しても、自動的に「境界条件」や材料情報を設定し直す機能をもっています。

さらに、今節では「補強部材」を追加して形状を修正した「修正形状モデル」に対して、「基本形状の解析設定」を移動させて、「構造解析」を簡単に実行する方法を説明します。

■「補強形状」の「解析実行」と結果確認

以上の基本形状の解析より、最も大きく変形したのが「Y軸上部の取付け部」だと言うことが分かりました。

実際のものづくりの場合には、荷重が作用する管状の部分の取付け部の「変形」を抑えるために、図7-13①の右側に示すような「補強材」を追加することがあります。

この場合、「設定作業」を「形状の読み込み」からやり直すのでなく、「類似形状」に対して自動的に「メッシュ」を作って「解析条件」を設定する機能を、「PrePoMax」は、専用機能「Regenerate using other files」としてもっています。

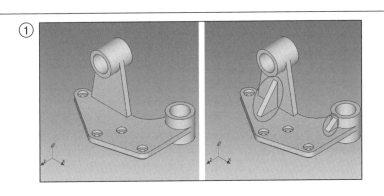

223

第7章 「精度向上」や「形状変化」に対する「メッシュ更新」

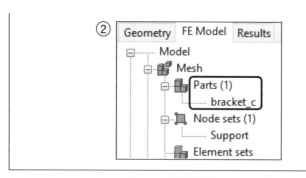

図7-13 修正形状ファイルの読み込み

　先ほどのメッシュの、変更した最後の状態、「最大値10mm」「最小値1mm」「2次要素」から継続します。

□まず、現状の形状は図7-13①の左側の「bracket_c」で、「オブジェクト・ブラウザ」で図7-13②のように「Parts」項目で確認できます。

　動画の手順に従って、メニューの「Edit⇒Regenerate using other files」を選択します。

　ファイル選択パネルが表示されるので、解析フォルダに用意した「bracket_d.STL」を選択して「開く」読み込みます。

> ※　実は、この手順は、動画で提示された「ver0.4.2」の方法なのですが、ここで用いている「ver0.4.6」では、次節の図7-14①のようなエラーとなり、「形状データの交換」に失敗して、「bracket_d.STL」が読み込まれた初期状態に戻ってしまいます。
>
> 　ここで、「PrePoMax」をデータ保存せずに終了して、改めて起動すると、形状データを交換する前の基本状態「bracket_c」が読み込まれた状態から再開します。
>
> 　もし問題があれば、解析フォルダEx6の「ex6-1.pmx」を読み込みます。
> 　最後の状態「最大値10mm・最小値1mm・2次要素」を設定し、解析を行なっておきます。

7-4 補強形状を用いた解析設定の更新の方法

> 　開発者に確認してみると、「ver0.4.6」では動画とは異なった方法で、形状データの交換を行なっているとのことです。
> 　なお、開発者からの情報では、次の「ver0.4.7」では動画で示した方法に戻す予定とのことです。

それでは「ver0.4.6」での方法を説明します。

　方針としては、修正データフォルダ「modify」（名称は任意）を作っておいて、そこに補強形状のデータ「bracket_d.STL」をコピー。

　その後、このデータの名前を基本形状の「bracket_c.STL」に変更して、これを用いて形状データの交換をすることになります。

■「補強形状」による解析設定の自動更新

では、新しい方法で形状データを交換してみます。

□メニューの「Edit⇒Regenerate using other files」を選択します。

□ファイル選択パネルが表示されるので、修正データフォルダ「modify」に用意した「bracket_c.STL」を選択し、「開く」で読み込みます。

　これにより、**図7-14②**のように、取付け部に「補強材」が入って形状データが読み込まれます。

　自動的にメッシュを作成し、「境界条件」を再設定し解析情報を整えて解析可能な状態となります。

> ※　なお、このメッシュは、基本形状の最初の設定「最大値10mm」「最小値0.21mm」「1次要素」なので、比較用に「最大値10mm」「最小値1mm」「2次要素」に変更して、補強形状に対して「2次要素の設定」を行ないます。

□「解析」を実行すると、「変形図」は**図7-14③**で「最大変形」は別の位置で「0.255mm」となります。

　先の結果で「最大変形」の位置の値は、「Tools⇒Query⇒Point/Node」を用いて必要な点を選択すると、**図7-14④**に示すように「0.249mm」で、

225

第7章 「精度向上」や「形状変化」に対する「メッシュ更新」

補強前「0.545mm」の「46%」まで低減できました。

「応力図」は**図7-14⑤**で、補強部分の接合部で最大値となり「75.71N」となりました。

この状態を、修正データフォルダ「modify」の中に「ex6-2.pmx」として、「File⇒Save as」で保存しておきます。

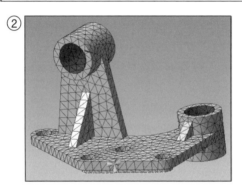

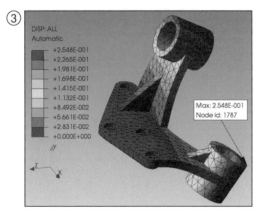

7-4 補強形状を用いた解析設定の更新の方法

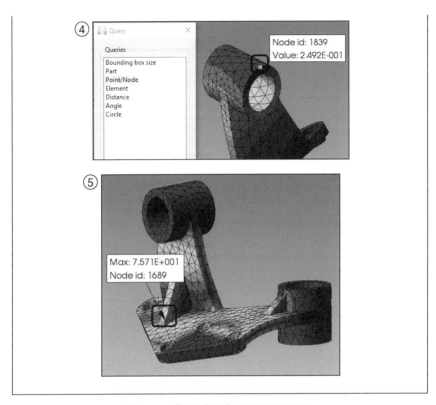

図7-14 「補強」モデルによる解析結果

第7章 「精度向上」や「形状変化」に対する「メッシュ更新」

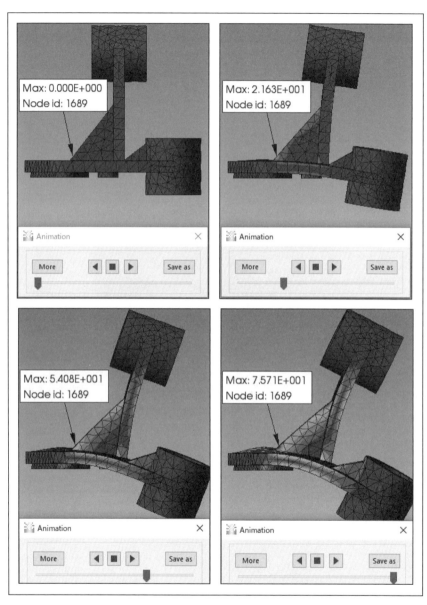

図7-15　「可視化結果」のアニメーション

7-4　補強形状を用いた解析設定の更新の方法

　この変形と応力集中の変化を見るために、ツールバーの「アニメーション機能」(三角ボタン)を用いると、**図7-15**に示すようになります。

　次の「PrePoMax ver0.4.7」では、データ交換の方法は前に戻るそうですが、この「修正データフォルダ」を作る方法は、「基本形状」と「補強形状」を同じファイル名を用いてフォルダ単位で区別しており、確かにデータの移動などが煩雑になるので、ファイル名だけで区別する方法のほうが簡単ですね。

> ※　なお、動画で用いていた「ver0.4.2」を仮に導入して、ここで作った「ver0.4.6」用のデータを読み込ませようとすると失敗しました。
> 　現状の「PrePoMax」は非常に開発が活発なので、機能の仕様や情報の形式が更新される場合も多く、「データ」と「プログラム」のバージョンは対応させたほうが無難です。

第8章

「大規模モデル」対応と
「並列解析の可能性」の確認

　この章では、「PrePoMax」を用い
て実践的な構造解析をする場合を想
定して、「大規模モデル」に対する「並
列解析の効果」を調べます。

　まず、所定のメモリで対応できる計算
規模を検証します。

　「並列処理」にはさまざまな手法が
ありますが、次に、「共有メモリ」の「スレ
ッド並列」による"お手軽な並列処理"
において、どの程度の高速化が実現で
きるかを調べます。

第8章　「大規模モデル」対応と「並列解析の可能性」の確認

8-1 「検証用ノート」での「大規模モデル」の検証

　構造解析ツール「PrePoMax」は、これまで説明したように、「ものづくりの実践的な解析」を、効率良く処理することを目指して開発されていると思います。

　たとえば**第4章**のように解析設計を簡単に変更して、「大規模モデル」の並列解析にも対応しています。

　ここでは「構造解析」の結果ではなく、「規模の上限」や「処理の時間」などに注目して、さまざまな場合を検証した結果をまとめます。

　「解析手順」などはこれまでに説明したとおりです。

*

　「検証用PC」として、これまで用いた「検証用ノート」と「計算サーバー」の以下の2つを用意しました。

・**検証用ノート**

　　CPU：Intel Core i7-2640M 2.8GHz 2core-4thread　　　RAM: 8GB

・**計算サーバー**

　　CPU：AMD Ryzen 7-1800X 3.6GHz 8core-16thread　　　RAM: 64GB

　前章で試した、修正データフォルダ「modify」の「ex6-2.pmx」のデータを用いて、「大規模モデル」として「メッシュ作成の限界」を検証します。

　続いて、この最大規模のモデルで「並列計算の時間」を比較検討します。

8-1 「検証用ノート」での「大規模モデル」の検証

■「検証用ノート」での「大規模モデル」の作成

　ここでは、「大規模モデル」の検証として修正形状に対して、要素の基準寸法の最大値を変化させた「大規模モデル」を作ります。

□「分析要因」を絞るために、最小値は「1mm」として1次要素とします。

　ただし、「最大値が1mm以下」の場合には、基準寸法の「最大値」と「最小値」を「同じ値」に設定します。

　また、処理時間は、「メッシュの再生成」と「境界条件の再設定」と「解析実行の時間」の3つに注目します。

> ※　なお、現在の「ver0.4.6」の場合に、「メッシュの再生成」と「境界条件の再設定」において、経過時間「Elapsed time」が表示されない場合がありました。
>
> 　この場合は、「=」として表示しています。
>
> 　さらに過大な要素数の処理を行なうと、過負荷によりPCが異常停止する場合があり、その場合は「※」として表示しています。

　検討結果を下表に示します。

項目A：要素の基準寸法の最大値mm単位
項目B：メッシュの節点数と要素数
項目C：メッシュの再生成と境界条件の再設定と解析実行の時間sec単位

A：基準寸法	B：節点数と要素数	C：処理時間
10.0	1442 / 4302	2/10 / 2.20 / 0.42
5.00	4341 / 14318	4.75 / 4.79 / 0.90
3.00	14112 / 52857	= / = / 3.22
2.00	37262 / 151892	= / = / 11.00
1.00	268872 / 1322575	= / = / 338.74
0.90	297061 / 1421643	= / = / 404.67
0.80	670913 / 3527659	= / = / 3994.02 結果×
0.50	1944765 / 10462785	= / ※ / ※
…	…	…

233

第8章 「大規模モデル」対応と「並列解析の可能性」の確認

　上の表に示すように、「メッシュの作成だけ」ならば、「352万要素」まで可能でしたが、解析が正常に終了せず、結果ファイルが確認できませんでした（結果×）。
　正常に解析結果まで得られたのは、「基準寸法0.9mm」で「要素数142万要素」となりました。

　上記で「メッシュ作成」に関して、「経過時間」が表示されない問題については、開発者に確認中です。

　「ものづくり」における通常の「構造解析」では、「**百万要素前後**」が現実的な解析規模と言われており、「PrePoMax」のこの規模に充分対応していることが分かりました。

■「検証用ノート」での大規模解析の「並列実行」

　先の検証で確認された基準寸法「0.9mm」で要素数「142万要素」の解析モデルに対して、「並列処理の効果」を検証します。

　並列処理の設定方法は、

---
[1] 下図の「Analysis-1」の項目を右クリック。
[2] メニューの「Edit」から「Edit Anlysis: Analysis-1」パネルを表示。
[3] 「Number of processors（CPUコア数）」を1から変化させ、Runで解析を実行。

となります。

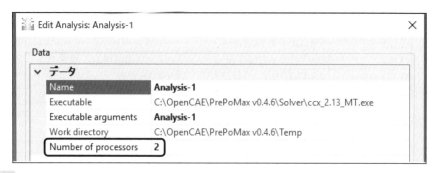

234

8-1 「検証用ノート」での「大規模モデル」の検証

ここでは「解析時間のみ」に注目して分析します。

＊

※　なお並列動作の確認は、「タスクマネージャー」のパフォーマンスを見て判断しています。

CPU コア数	解析時間：sec
1	398.15
2：物理コア数	328.77
3	346.19
4	351.43

□結果としては、CPUコアの実態は2つなので、コア数1から2にすることで「約17%」の計算時間が短縮されました。

スレッドによる「仮想コア」として利用すると、2コアよりも計算時間が長くなりました。

やはり「CAE」のような「数値計算」では、「実体のコア数」ぶんの「並列処理」として、「Hyper Thread」などの仮想コアはこの場合には効果がないようです。

235

第8章 「大規模モデル」対応と「並列解析の可能性」の確認

8-2 「計算サーバー」での「大規模モデル」の検証

ここで用いる計算サーバーの仕様は、以下のとおりです。

| CPU : AMD Ryzen 7-1800X 3.6GHz 8core-16thread | RAM: 64GB |

■「計算サーバー」での「大規模モデル」の作成

同様な「大規模モデル」の作成を、高性能な「計算サーバー」で行なってみます。

メッシュの設定条件などは、「検証用ノート」と同様です。

A：基準寸法	B：節点数と要素数	C：処理時間
10.0	1442 / 4302	1.47 / 1.71 / 0.35
5.00	4341 / 14318	3.20 / 3.44 / 0.81
3.00	14112 / 52857	= / = / 2.74
2.00	37262 / 151892	= / = / 9.31
1.00	268872 / 1322575	= / = / 266.35
0.90	297061 / 1421643	= / = / 301.95
0.80	670913 / 3527659	= / = / 1428.18結果×
0.50	1944765 / 10462785	= / = / 15170.70結果×
…	…	…

「検証用ノート」が「8GB」メモリに対して、計算サーバーでは「64GB」メモリですが、「大規模モデル」の限界としては、基準寸法「0.9mm」で要素数「142万要素」の解析モデルとなりました。

これにより「Windowsアプリケーション」としてバイナリ配布されている「PrePoMax」では、利用できるメモリは固定された「上限」があるように予想されます。

236

8-2 「計算サーバー」での「大規模モデル」の検証

■「計算サーバー」での大規模解析の「並列実行」

「計算サーバー」においても、先の検証で確認された基準寸法「0.9mm」で要素数「142万要素」の解析モデルに対して、並列処理の効果を検証します。

並列処理の設定としては、同様な方法で行ないます。

CPU コア数	解析時間：sec
1	301.95
2	203.29
3	182.19
4 ：物理コア数	159.92
5	135.94
6	128.11
7	124.06
8	122.38

結果としては、物理コア数の「4」を超えても解析時間は短縮する傾向にあります。

しかし、その効果は徐々に小さくなっており、やはり「物理コア程度の並列処理」が効果的と言えます。

*

ただし、解析規模が大きいためか、仮想コアを利用した8コアまで解析時間の短縮傾向は続いています。

ここで計算時間を「定量的」にみると、「4コア」で「47%分」、「8コア」では「60%分」、削減しています。

最近のPCは、標準的なCPUでも「2コア」や「4コア」が普通になっているので、「PrePoMax」はこれを生かして手軽な並列処理が可能になっています。

237

付　録

「PrePoMax」の
機能説明の補足

　この章では本書作成時点で、「Pre
PoMax」の機能説明として紹介され
ている9個の動画のうち、本文の第2
〜7章で紹介していない3つの内容に
ついて、概要を説明します。

　なお、付録の説明では、「Animating
results」「Animating results」に
ついては解析で用いる形状データなど
が公開されておらず、動画を利用して
解説しています。

　　「Boundary Condition & Load
Symbols」では、「PrePoMax ver
0.4.2」を用いて解説します。

付録 「PrePoMax」の機能説明の補足

A-1 「解析結果」の動画表示方法の解説

内容としては、YouTube動画の「PrePoMax - Animating results : 解析結果の動画表示方法の解説」です。

この解説では、解析データが公開されておらず、操作途中からの例示のみなので、ここでは動画の画像を用いて解説します。

■「増分解析」のステップごとの表示

解析が成功し、Resultsタブで結果を可視化している状態から始めます。

□まず、「ツールバー」の図A-1①に示す部分において、「増分」(Increment)が「0」から「6」まで「7ステップ分」結果があることが分かります。

動画では、この数値をクリックすると、ステップが進むように表示されます。

ところが、「ver0.4.6」の場合には、操作方法が変更になっており、このステップ表示の右にあるボタンを用いて進みます。

> ※ なおステップ表示の左右にある5つのボタンは、以下の機能をもっています。
> ・最初に戻る
> ・1ステップ戻る
> ・1ステップ進む
> ・最後に進む
> ・アニメーション機能ボタン

A-1 「解析結果」の動画表示方法の解説

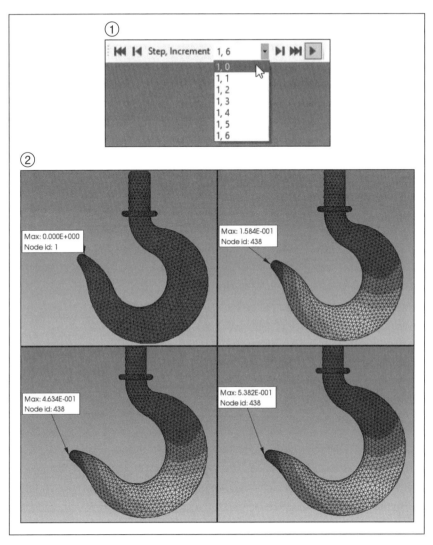

図A-1　「可視化結果」のステップごとの表示

　ステップごとの結果は、図A-1②に示すようになります。
　このステップごとの表示は、「変形」だけでなく「応力」の表示も可能です。

付録 「PrePoMax」の機能説明の補足

■「アニメーション機能」による表示「アニメーション機能」による表示

次に、「アニメーション表示」を行ないます。

□図A-1①に示すボタンの右端を押すと、図A-2①に示すAnimationパネルが表示されます。

操作ボタンが3つ並んでおり、「逆進行」「停止」「順進行」となります。
この「進行ボタン」は、デフォルトで往復の変化を繰り返して表示します。

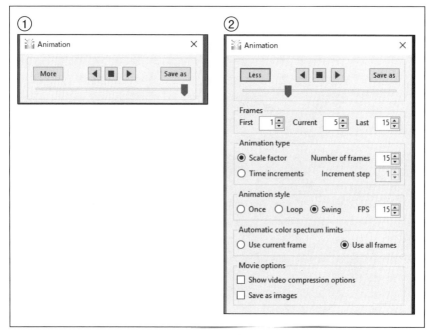

図A-2　アニメーション機能による表示

このアニメーション表示の詳細な設定は、「More」ボタンを押して図A-2②に示すパネルを表示します。

A-1 「解析結果」の動画表示方法の解説

各設定項目の内容を以下に示します。

・Frames：表示ステップ
    First：表示開始　Current：現ステップ　Last：表示終了
・Animation type：アニメーションの形式
    Scale factor：挙動全体を表示するステップ総数
    Time increment：（機能未確認）
・Animation Style：アニメーションの進行
    Once：一度のみの進行
    Loop：最後に至ると最初に戻る進行
    Swing：最後に至ると逆進行して戻る
・Automatic color spectrum limits：表示色の設定方法
    Use current frame：現在の値と色の割当で表示
    Use all frame：全体を通して1つの割当で表示
・Movie options：動画保存での条件設定
    Show video compression options：動画圧縮オプションの表示
    Save as images：静止画群による動画の保存

　※　なお、パネルの「Save As」ボタンを押すと、「AVI形式」で動画が保存されます。

　ここで、「静止画群による保存」を選択していると、「PNG形式」の静止画が紙芝居のように多数保存されます。

243

付録 「PrePoMax」の機能説明の補足

A-2 「固定条件の設定方法」の解説

　内容としては、YouTube動画の「PrePoMax - Rigid Constraint：固定条件の設定方法の解説」です。

　動画では「解析手順」が最初から提示されていますが、解析で用いる「メッシュデータ」の「handle.unv」が公開されていません。
　そこで、ここでは「PrePoMax ver0.3.0」で解析実行している動画の画像を用いて解説します。

■「解析モデルのメッシュデータ」の読み込みと確認

　この例題では、「UNV」形式の「メッシュ情報」を読み込み、「特別な境界条件」として、多数の「節点」を1つの代表する1つの「節点」に結合させる「MPC：Multi Point Constraint」（多点拘束）を利用しています。

　なお、次節「A-3　境界条件の表示方法の解説」では、「Boundary Condition & Load Symbols」で同様な「MPC」を活用した手順を、「PrePoMax ver0.4.2」を用いて具体的に解説しています。
　なので、ここでは動画を用いて簡単に説明するに留めます。

　□まずは、「解析モデルのメッシュデータ」として、「IDEAS」という商用ツールで使われている「UNV」（Univeresal file）形式の「handle.unv」を読み込みます。
　形状としては、図A-3①図A-3②に示すとおりです。

　ただし、本書で活用している「PrePoMax ver0.4.6」や動画で使われた「Ver0.3.0」においても、付属する解析モデルのフォルダ「Models」の中には、この動画の例題で用いている「handle.unv」がありませんので、動画の画像を利用して説明します。

244

A-2　「固定条件の設定方法」の解説

□この「handle.unv」ファイルには、「解析形状のメッシュ」だけでなく、「境界条件の設定面の情報」も含まれています。

　この設定面の「節点群」(Node sets)を確認すると、図A-3③ (support_el)と図A-3④ (load_el)に示すとおりです。

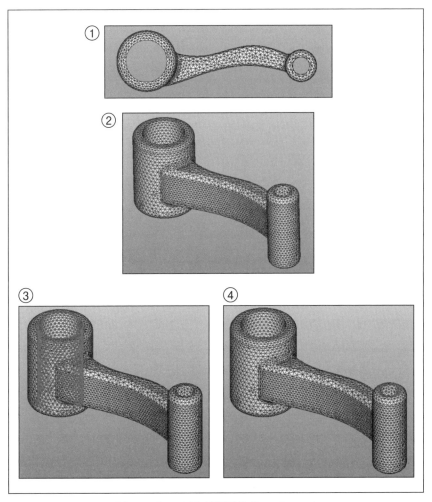

図A-3：「MPC」の例題形状「handle.unv」

付録 「PrePoMax」の機能説明の補足

■「多点拘束MPC」による「固定条件」の設定

　ここで、「多点拘束：MPC」を設定する境界条件面「support_el」の詳細を確認すると、図A-4①のように示され「973個」の「節点」が含まれることが分かります。

　注目は「CGx」「CGy」「CGz」の「3つの数値」であり、これは「support_el」に含まれる「節点群」の「重心位置」です。

　3つの数字は「x」「y」「z」に対して、「77.7」「65.0」「20.2」となっています。

　これらを参考にして「節点群」を代表する参照点を作ります。

□「オブジェクト・ブラウザ」の「Reference points」を「ダブル・クリック」。

　図A-4②のように「Name」は「RP-1」として、先ほどの重心位置を入力します。

　これによって、「参照点PR-1」が図A-4③のように、「節点群support_el」の「重心位置」に設定されます。

　「荷重」は、「節点群load_el」の部分に設定するので、これを「荷重面load」として図A-4④のように定義します。

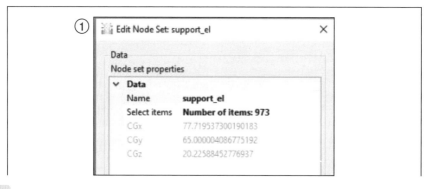

A-2 「固定条件の設定方法」の解説

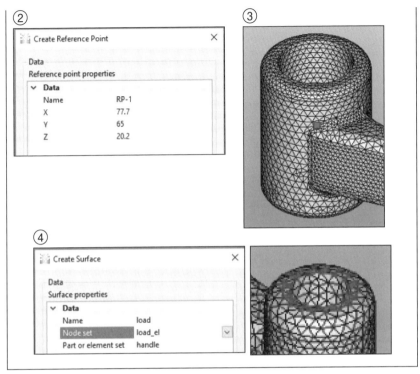

図A-4 「MPC」を設定する「support_el」と「荷重面」

□続いて、本文で説明した方法と同様に、鋼材料として「S235」を定義し、「解析対象」に割り当てます。

ここからが、「多点拘束」の設定になります。

□「オブジェクト・ブラウザ」の「Constraints」項目から、図A-5①のように「多点拘束Constraint-1」設定。

すると、図A-5②のように、「参照点PR-1」と「節点群support_el」が結合されます。

247

付録　「PrePoMax」の機能説明の補足

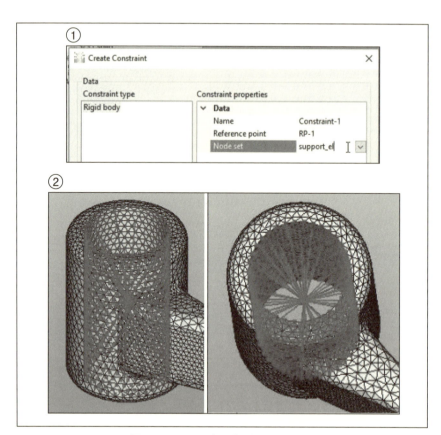

図A-5　MPCの参照点と節点群の結合

□続いて、「解析条件」の設定枠組みを、「Step-1」として本文で説明した方法で作ります。

□ここで、「多点拘束」として図A-6のように、境界条件の設定において、「Name」を「support」とし、「設定形式Region type」を「Reference point」にします。

　対象となる「RP-1」として、「移動」の「U1」「U2」「U3」に加えて、「回転」の「UR1」「UR2」「UR3」も含めたすべての「自由度」を「固定」します。

A-2 「固定条件の設定方法」の解説

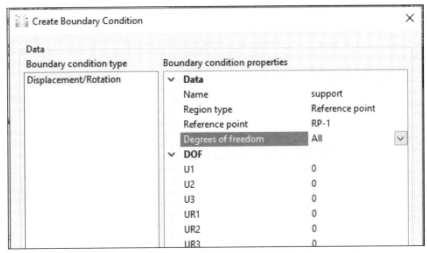

図A-6　MPCの固定条件の設定

次に、「荷重」としては、「荷重面load」への圧力として、図A-7のように、「圧力Pressure」として「15 N/mm^2」として設定します。

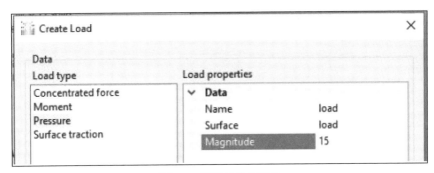

図A-7　荷重条件の設定

249

付録　「PrePoMax」の機能説明の補足

■「多点拘束MPC」を用いた解析実行

□本文で説明した方法で解析実行の設定を行ない、解析ケース「Analysis-1」を作ったら、「右クリックメニュー」から「実行」。

　すると、図A-8①に示すような「変形状態」となり、「応力分布」は図A-8②に示すようになります。

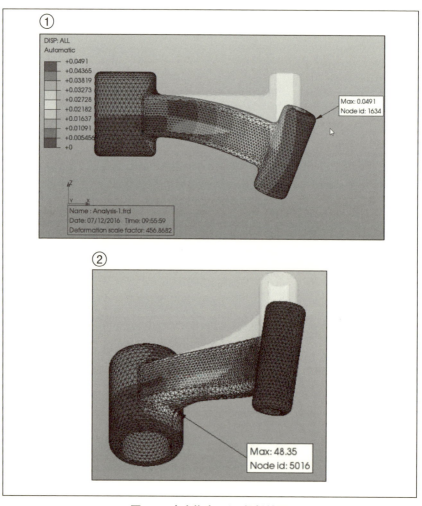

図A-8　多点拘束による解析結果

250

A-3 「境界条件の表示方法」の解説

内容としては、YouTube動画の「PrePoMax - Boundary Condition & Load Symbols：境界条件の表示方法の解説」です。

ここでは、本書の前半で利用した「PrePoMax ver0.4.2」を用いて、特別な設定条件である「MPC」について具体的に演習し解説します。

> ※　なお動画は「ver0.4.1」で作られているため、若干表示が異なるところがあります。

ここでは、「PrePoMax ver0.4.2」の「Models」フォルダにある「専用データ形式PMXファイル」の「BearingBracket.pmx」を用いた「MPCを活用した構造解析」を演習します。

> ※　ちなみに、本書の後半で用いた最新版「PrePoMax ver0.4.6」を用いてこのデータを読み込もうとすると、正しく表示できず、設定も解析も不可能です。
>
> そこで本書の前半で用いた旧版「PrePoMax ver0.4.2」を用いてこのデータを読み込むと、正常に表示され設定も解析も進めることができます。
>
> 「PrePoMax」ではバージョン番号を見ても分かるとおり、未だ最新でも「ver0.4.6」であり、操作方法や情報形式が更新され、改良が進んでいます。よって、「上位互換」（後方互換）も完全ではありません。
>
> そのため、入力情報特に「PrePoMax独自データ形式」の「PMX」ファイルでは、データとツールのバージョンは完全に対応させたほうが確実になります。
>
> また、「入力情報の設定」や「表示」もバージョンによって異なっているので、「操作＝データ＝ツール」についても、バージョンを揃えたほうが無難です。
> 以上の理由から、本節では、入力データが用意された「PrePoMax ver0.4.2」を用いて以下の解析手順を説明します。

251

付録 「PrePoMax」の機能説明の補足

■「PrePoMax」の「PMXデータ」の読み込み

□まず、入力データに対応した「PrePoMax ver0.4.2」を起動。

以前の解析状態が再現されますが、そのままメニューの「File⇒Open」で図A-9①に示すように、「ver0.4.2」のインストールフォルダ内の、「Models」フォルダにある「BearingBracket.pmx」を選択して開く。

「表示」としては図A-9②の解析形状が確認でき、図A-9③のように「境界条件」を設定する「節点群Node sets」が既に定義されています。

各項目を「クリック」すると、図形表示の「節点群」が「赤色」に表示されます。

※ なお、解析モデルの名称は、「Solid-Part-1」です。

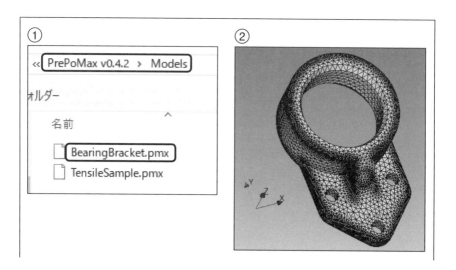

A-3 「境界条件の表示方法」の解説

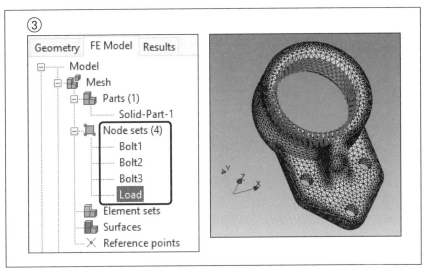

図A-9 「PrePoMax」のPMXデータの読み込み

□新しいデータを読み込んだときは、まずは形状寸法を確認しておきたいので、メニューの「Tools⇒Query」より「Bounding boz size」を確認。

すると、以下の表示がログパネルに出ます。

機械部品として「x:82.6 y:136.5 z:34.2」で「mm単位」と想定されます。

x: 82.5999984741211　y: 136.499996185303　z: 34.2000007629395

■「MPC」を設定する節点群の確認

この例題では、図A-9③に示した「Node sets」の「Load」に対して、「多点拘束MPC」を設定します。

これらの「節点群」を統合する1つの参照点を決めるために、「この環状の内側」にある「節点群の中心」を確認します。

□メニューの「Tools⇒Query」よりCircleを選択して、図A-10①に示すように「節点群」の手前側の円上の3つの節点を選択。

すると、この3点を含む「円」が定義され、「中心点」が表示されます。

253

付録 「PrePoMax」の機能説明の補足

同時にログパネルに定義した「円」の情報が、以下のように表示されます。

```
Circle center:  x: -1.7763…E-14   y: 7.1054…E-15   z: 12.274
Circle axis:    x: 0   y: 0   z: 1
```

これらの数値から、定義された「円の中心」の「座標値」は、X軸が「0」、Y軸が「0」、Z軸が「12.274mm」にあり、「円の軸」が「Z軸を向いている」ことが分かります。

つまり、この「節点群Load」の「中心」が「XY座標軸の原点」になっているのです。

□同様に、図A-10②に示すように「節点群」の奥側にある円上の「3つ」の「節点」を選択すると、この「中心点」が、以下のように表示されます。

```
Circle center:  x: -3.1974…E-14   y: -1.4210…E-14   z: -7.5300
Circle axis:    x: 0   y: 0   z: 1
```

なお、「円上の3点」を正確に選択できない場合は、「円」の定義がズレて、軸の方向が完全に「x: 0」「y: 0」「z: 1」になりません。
その場合は、再度選択してください。

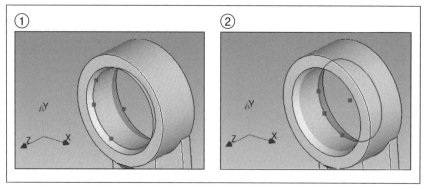

図A-10　「PrePoMax」の「PMXデータ」の読み込み

A-3 「境界条件の表示方法」の解説

□以上の確認よって、「MPC」を設定する「節点群Load」の「参照点」は、「X軸」が「0」、「Y軸」が「0」として、「Z軸」は先の2つの値（「12.274」「-7.5300」）の「中央」として、「2.372」を目安として設定することにします。

■「MPC」を設定する「参照点」の作成

「参照点」を作るために、「オブジェクト・ブラウザ」の「Reference points」を「ダブル・クリック」（または「右クリックメニュー」の「Create」を選択）して、図A-11①に示す「Create Reference Point」パネルを表示します。

＊

「参照点」の設定項目としては、

・Name：そのまま「RP-1」とします。
・Create by/from：作成する点の指定方法では、「Coordinate ／ Center of gravity ／ Bounding box center」の3つから選択できますが、ここでは先ほど確認した座標値に基づいて「Coordinate」から選択します。

「座標値」としては、「X：0」「Y：0」「Z：2.5」として、「OK」で確定します。

図A-11②や図A-11③に示す位置に「参照点PR-1」が作成されます。

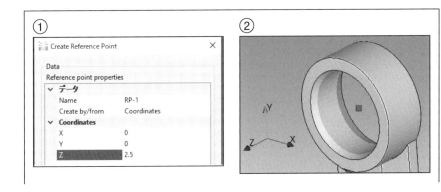

付録　「PrePoMax」の機能説明の補足

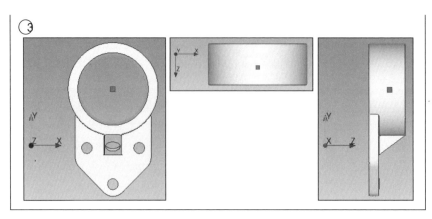

図A-11：MPCを設定する参照点の作成

　先の「A-2　固定条件の設定方法の解説」で用いた「MPC多点拘束」は、「固定条件」を設定するために用いたのに対して、本節では「荷重条件」を設定する対象として、「MPC多点拘束」によって作られた「参照点」を利用しています。

■「解析モデル」材料特性の設定

　この「解析モデル」の材料は「S235鋼」として、この物性値を設定するために「Materials」を「ダブル・クリック」して、図A-12①の「Create Material」パネルを表示します。

□まず、「Material name」は「S235」として、「材料の弾性特性」を設定します。

□そこで、「Available models」の「Elasticity」にある「Elastic」を選択。

　⇨ ボタンを押して「Selected models」に設定すると、右側に「Properties」の欄が出来るので、ここに以下のように設定します。

```
Young's modules（ヤング係数）：210000　（単位はMPa=N/mm2)
Poisson's ratio（ポアソン比）　：0.3　（単位なし）
```

A-3 「境界条件の表示方法」の解説

□「OK」で各指定すると、「オブジェクト・ブラウザ」に「S235」が追加されます。

続いて、この材料特性「S235」を、解析モデル「Solid-Part-1」に割り当てます。

□「オブジェクト・ブラウザ」の「Sections」を「ダブル・クリック」して、図A-12②の「Create Sections」パネルを表示します。

まず、「Type」は「Solid section」にチェックを入れて、すべてそのままで「OK」で確定します。

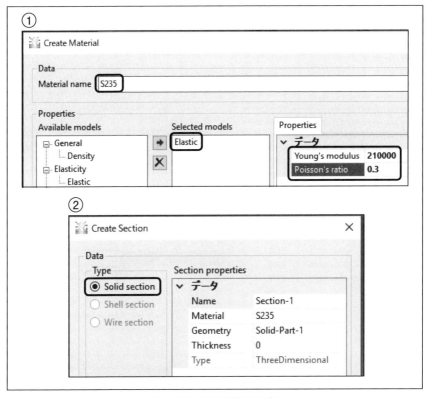

図A-12　材料情報の設定

付録 「PrePoMax」の機能説明の補足

■「節点群」と「参照点」との結合

ここで、「節点群Load」と「参照点RP-1」との結合を行ないます。

□「Constraint」を「ダブル・クリック」して、図A-13①の「Create Constraint」パネルを表示します。

「Constraint type」においては「Rigid body」を選択し、「Constraint properties」においては、以下のとおり設定します。

・**Name**：そのまま「Constraint-1」とする。
・**Referenct point**：先に定義した「RP-1」とする。
・**Node set**：「MPC」を設定する「節点群」の「Load」を選択する。

以上、「OK」で確定します。

これによって結合の結果は、図A-13②に示すようになります。

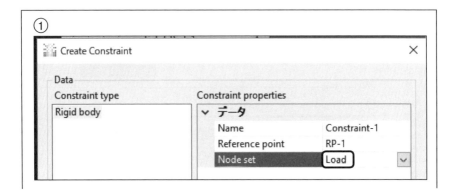

A-3 「境界条件の表示方法」の解説

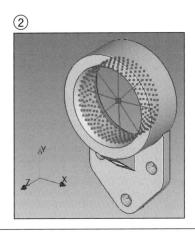

図A-13 「節点群Load」と「参照点RP-1」との結合

■「解析条件の設定」の枠組み

続いて、「解析条件」を設定します。

＊

□「オブジェクト・ブラウザ」の「Steps」項目を「ダブル・クリック」して、「Create Step」パネルを図A-14①のように表示させます。

現在の「PrePoMax」では「Step type」において「Static step」のみが用意されており、このプリ機能の自動設定だけでは、「静的弾性解析のみ」に対応しています。

ここで「Static step」を選択すると、右側に「Step properties」の項目がデータとして2つ表示されます。

1・**Name**：増分ステップ設定の名称で、ここでは「Step-1」のままにします。
2・**Nlgeom**：Non-Linear GeometryのOn/Off設定で、ここでは「Off」のままにします。

以上の項目を、図A-14②のようにそのままにして、「OK」で確定します。

付録　「PrePoMax」の機能説明の補足

　図A-14③のように「オブジェクト・ブラウザ」のSteps項目に「Step-1」に加えて3項目（「Field outputs」「BCs」「Loads」）が追加されます。

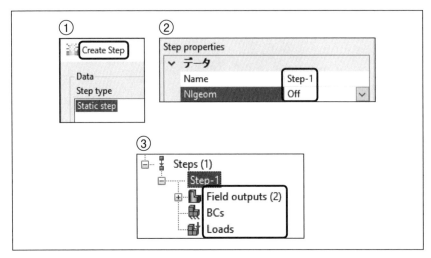

図A-14　解析条件の枠組み

■「固定条件」の設定

　ここでは、読み込んだ解析データに、すでに設定ずみとなっている3つの節点群「Bolt1」「Bolt2」「Bolt3」に、固定条件を設定します。

＊

まず、「Bolt1」から設定します。

□「オブジェクト・ブラウザ」の先に作った解析設定「Step-1」の下にある項目「BCs」を「ダブル・クリック」して、「Create Boundary Condition」パネルを表示させます。

　現在は「Boundary Condition type」において、「Displacement/Rotation」のみが用意されています。

　これを選択すると、図A-15①のように右側に「Boundary Condition properties」の項目が「DOF」「データ」の2つの項目として表示されます。

A-3 「境界条件の表示方法」の解説

＊

まず下にある「データ」の4項目を設定します。

1・**Name**：ここでは「Bolt1」に変更します。

2・**Region type**：ここでは「Node set」を選択します。

3・**Node set**：ここでは「Bolt1」を選択します。

4・**Degree of freedom**：設定する固定条件での拘束する自由度を選択します。
Noneとある欄の右端の V ボタンをクリックすると、選択できる候補が「8個」表示されます。
ここでは、「3次元要素」の「節点」なので「**3自由度**」(**XYZ方向**：「**U1**」「**U2**」「**U3**」)を選択します。

「OK」で確定すると、**図A-15②**のように「Bolt1」の「固定の状態」が「赤色」で表示され、「オブジェクト・ブラウザ」の「BCs」項目に「Bolt1」が追加されます。

同様な手順と設定で、**図A-15③**のように「Bolt2」を定義すると、**図A-15④**のように「Bolt2」の「固定の状態」が表示されます。

さらに同様な手順で、**図A-15⑤**のように「Bolt3」を定義しますが、今回は「3軸方向」(XYZ方向：「U1」「U2」「U3」)に加えて、「**3軸回転**」(**XYZ軸周り**：「**UR1**」「**UR2**」「**UR3**」)も選択して固定すると、**図A-15⑥**のように「Bolt3」の「固定の状態」が表示されます。

261

付録 「PrePoMax」の機能説明の補足

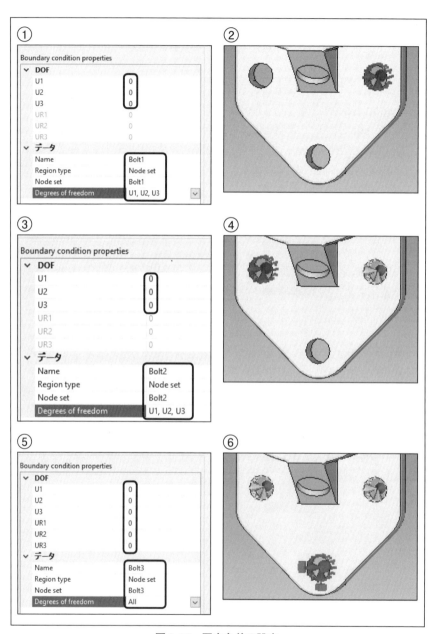

図A-15　固定条件の設定

A-3 「境界条件の表示方法」の解説

なお、「固定条件の表示」においては、**図A-15**⑥で、「緑色」の「Bolt1」「Bolt2」では、「3軸方向」（XYZ方向：「U1」「U2」「U3」）が「円錐」で表現されており、「赤色」の「Bolt3」では、加えて「3軸回転」（XYZ軸周り：「UR1」「UR2」「UR3」）が「円柱」を追加して表現されていることが分かります。

■参照点への荷重条件の設定

次に、「参照点RP-1」への「荷重条件」を設定します。

□「オブジェクト・ブラウザ」の解析設定「Step-1」の下にある項目「Loads」を「ダブル・クリック」して、「Create Load」パネルを表示させます。

□ここでは「Load type」において、「Concentrated force：節点に対する集中荷重」を選択します。

これを選択すると、**図A-16**①のように右側に「Load properties」の項目が「Force components」「データ」の2つの項目として表示されます。

＊

下のデータ項目では、以下のように設定します。

・Name：ここでは「Force」と変更する。
・Region type：ここでは「Reference point」を選択する。
・Referenct point：ここでは準備したMPCの参照点「RP-1」とする。

上の「Force components」項目では、「Y軸」（F2）上向きに「5000N」の「集中荷重」を設定します。

「OK」で確定すると、**図A-16**②のように「荷重」が「矢印」で表示されます。

動画では、さらに同様の方法で「参照点RP-1」に対して、「X軸」（F1）正向きに「500N」の「集中荷重」を「Force2」として**図A-16**③のように追加します。

263

付録　「PrePoMax」の機能説明の補足

2　「OK」で確定すると、**図A-16**④のように「2つの荷重」が「矢印」で表示されます。

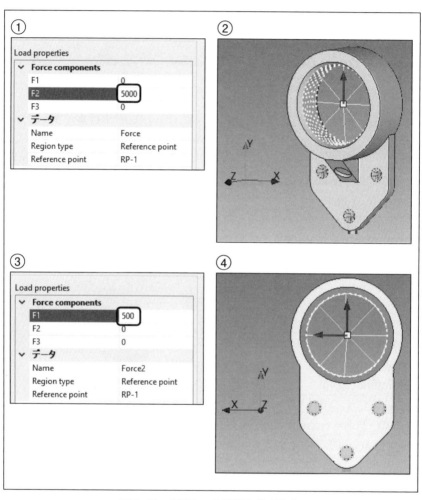

図A-16　参照点への荷重条件の設定

A-3 「境界条件の表示方法」の解説

※ なお、「オブジェクト・ブラウザ」において、「定義した幾何学的な設定条件」の「Constraint-1」「Bolt1」「Bolt2」「Bolt3」「Force1」「Force2」などは、右クリックメニューの「Hide／Show」によって「表示の可否」を選択できます。
また、これらの表示色は、メニュー「Tools⇒Settings」の「Pre-Processing」において、各種の条件の表示色が変更できます。

■「構造解析」の解析実行

□「オブジェクト・ブラウザ」のいちばん下の項目「Analyses」を「ダブル・クリック」して、「Create Analysis」パネルを表示させます。

□すべてそのままで「OK」で確定すると、「オブジェクト・ブラウザ」の「Analysis」項目に「Analysis-1」が追加されます。

この項目にある「赤色三角」の表示は、解析が実行されていないことを表わしています。

□続いて「Analysis-1」項目を右クリックして、メニューより「Run」を選択して、解析を実行。

解析の状態を示すログを表示するために「Monitor」パネルが表示され、最後に「Job finished／Elapsed time [s]: 3.5544788」となり、完了します。

■「解析結果」の「可視化」

直接「Monitor」パネルの「Resutls」ボタンから、「解析結果」の「可視化」に進みます。

図A-17①に示すような「変形図」が表示されます。

カラーバーの表現が「赤⇒白⇒青」と変化しますが、これはメニュー「Tools⇒Settings」で変更できます。

「Edit Settings」パネルで「Post-processing」を選択し、図A-17②に示

265

付録 「PrePoMax」の機能説明の補足

すように「Color spectrum type」を「Cool-warm」から「Rainbow」に変更して、「OK」で確定すると、「虹色」のように表現されます。

この状態で、「STRESS」から「MISES」を選択すると、図A-17③に示すように「ミーゼス応力」が表示されます。

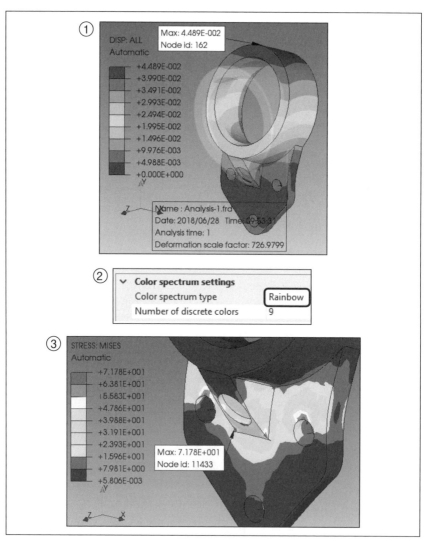

図A-17　「解析結果」の可視化

関連図書

I/O BOOKS オープンソースでできる業務レベルの解析環境

オープンCAE「Salome-Meca」構造解析 「弾塑性」「接触」解析編

■柴田　良一　■A5判256頁　■本体2800円

オープンソースのCAEソフト「Salome-Meca」は、前処理および表示ソフトのプリポスト「SALOME」と構造解析ソルバ「Code_Aster」を統合したソフトです。

「Salome-Meca」は、オープンソースのCAE (Computer Aided Engineering)ソフトで、「eDF」(Electricite de France：旧フランス電力公社)によって開発されました。

本書は、初めて「CAE」に取り組む企業技術者や、大学高専の授業で「CAE」を始める人を対象に、著者らによる「Salome-Meca」を統合した解析環境「DEXCS-Salome」(デックス・サロメ)を使った、「弾塑性」と「接触」などを考慮した実践的構造解析手順を解説します。

添付DVDには、最新版「DEXCS2014-Salome」(64ビット版)を収録。

I/O BOOKS オープンソースでできる業務レベルの解析環境

オープンCAE「Salome-Meca」構造解析 「固有値」「熱伝導」解析編

■柴田　良一　■A5判208頁　■本体2500円

数値計算のモデル作り(プリ)と、計算結果の表示(ポスト)を合わせて「プリポスト」と言います。

本書は、初めて「CAE」に取り組む企業技術者や、大学高専の授業で「CAE」を始める人が読者対象。

著者らが制作した「DEXCS-Salome」(デックス・サロメ)を使った、「固有値」と「熱伝導」の構造解析手順を、詳しく解説しています。

I/O BOOKS オープンソースでできる業務レベルの解析環境

オープンCAE「Salome-Meca」ではじめる構造解析
■柴田 良一 ■A5判184頁 ■本体2700円

技術立国を目指す我が国としては、「CAE」(Computer Aided Engineering：コンピュータによる設計支援)環境の整備が急がれますが、現状では、
・「商用CAE」は導入コストが高い。
・無償である「オープンCAE」では独学が難しい。
といった問題点があります。

本書は、初めて「CAE」に取り組む企業技術者や、大学高専の授業で「CAE」を始める人を対象に、著者らが制作した「DEXCS-Salome」(デックス・サロメ)を使って、構造解析のもっとも基本となる「応力解析」について、詳しく解説します。

I/O BOOKS フリーの解析ソフトを使って、高度な「ものづくり」を目指す!

はじめてのオープンCAE
■柴田 良一 ■A5判272頁 ■本体2800円

「ものづくり」の高度化を目指すには、「CAE」(Computer Aided Engineering)というツールの活用が不可欠ですが、このソフトが高価なため、なかなか取り組めないのが実情です。

本書で紹介する「DEXCS」(デックス)というCAEソフトは、誰でも無償で利用でき、商用版にも負けない充分な解析能力をもっています。

さらに、オールインワンですから、添付のDVDを入れるだけで、すぐに構造解析が可能になります。

とは言え、商用版に比べると、説明文書が少なく、サポートも充実してないため、ソフトだけでは使いこなすのは難しいと思います。

そこで、本書では、構造解析をしたことがないユーザーでも気軽にはじめることができるように、図解で分かりやすく解説しています。

本書を読めば、商用CAEに負けないクオリティで使いこなすことができるでしょう。

添付CD-ROMには、構造解析用の「DEXCS2010-Adventure」本体と「サンプル・データ」を収録。

I/O BOOKS 手持ちのパソコンが「スーパーコンピュータ」になる!

はじめてのWindows HPCシステム
■柴田 良一 ■A5判256頁 ■本体2300円

「Windows HPCシステム」は、「HPC」(High Performance Computing)、つまり複数のPCを統合して、(仮想上の)スーパーコンピュータを簡単に作るというものです。

OSとしては、「Windows HPC Server 2008 R2」を使い、そのほかに必要なものは、普段使っているPCが数台と、少々の時間と知識だけです。

なお「Windows HPCシステム」には「試用版」があり、お金をかけずに、誰でもすぐに始めることができます。

索引

五十音順

■あ行

あ アセンブリ・モデル …………33

アセンブリ・モデル ……… 164

アニメーション機能 ……… 229

アニメーション表示 ……… 242

い 引張試験………………………91

え エクスポート…………………78

お 応力……………………………61

応力図………………… 226

応力分布……………………85

オープンCAE ……………… 8

オブジェクト・ブラウザ………36

■か行

か 解析規模…………………… 129

解析結果…………………… 190

解析実行 ……………… 58,150

解析データ…………………68

解析モデル …………………68

可視化……………………… 189

可視化結果………………… 152

可視化表示…………………63

荷重……………………… 124

荷重条件…… 46,55,84,203

仮想コア…………………… 235

き 幾何学的非線形性…………53

規模の上限……………… 232

旧版……………………… 119

境界条件……………………43

境界条件………………… 172

強制変異

… 98,112,131,143,146

け 計算サーバー …………… 232

形状情報のみ …………… 176

■こ行

結果可視化………………60

現実的な解析規模……… 234

検証ノート …………… 232

こ 公式サイト…………………25

構造解析例題………………31

拘束条件……………………99

降伏……………………… 103

降伏応力………………… 112

固着……………………… 179

固定条件

………… 44,54,81,84,

132,43,202

■さ行

さ 最小寸法……………………71

最新版……………………… 119

最大寸法……………………71

最大変形量 ……… 211,217

材料特性

…… 50,106,138,177,205

サポートページ…………… 165

参照点………246,258,263

し 実験検証………………… 196

実践的な機能 …………… 162

指定する点での値 ………64

自動設定 ………………… 142

重心位置………………… 246

自由度 …………… 98,144

主応力………………… 212

出力情報………………… 109

商業利用………………… 118

商用の構造解析ツール … 118

処理の時間……………… 232

す 推奨値……………………72

図形の表現方法…………40

寸法……………………… 124

■せ行

寸法……………………… 128

せ 静止画による保存 ……… 243

静的弾性解析…………… 142

接触……………………… 179

接触解析… 32,126,155,158

接触条件 ……………… 156,164

接触面………………… 132

接点群…………………… 143,258

接点情報のみ …………… 176

全体形状の寸法確認………71

そ 相当塑性歪 …………… 108

増分解析………………… 240

塑性状態………………… 108

ソルバ …………………… 8

■た行

た 大規模モデル ……… 232,236

対象外の他の部品……… 190

対象条件………129,132,147

大変形問題…………………53

タスク・バー ……………… 100

タスク・マネージャー …… 100

多点拘束………244,247,253

単位系…………………… 124

弾性…………………………50

弾性応力解析………………36

弾性解析……………………90

弾塑性解析……………… 31,90

弾塑性状態……………… 103

弾塑性特性……………… 111

つ 逐次処理………………… 188

ツールバー…………………36

て データ・コンバータ ………… 21

データパネル………………36

デジタルデータ…………… 196

テトラ要素 ……………… 199

269

索 引

と 動画 ･･････････････････ 160
動画資料 ･･････････････ 125
動画表示方法 ･･････････ 240
透明度 ･････････････････ 192

■は行

ひ 非線形解析 ･･････････ 53,111
必要な「ソフトウェア」 ･･････15
必要な「ハードウェア」 ･･････14
百万要素前後 ･･････････ 234
表示の可否 ･････････････ 168
表面メッシュ ･････････････ 198

ふ 物理コア数 ･･････････ 100,237
プリ ･････････････････････ 8
分布荷重 ･･････････････ 82,183

へ 並列処理 ･･･････････ 100,188
並列処理の効果 ･･････････ 234
変形 ･････････････････････ 63
変形図 ･･････ 85,103,189,225

ほ ポアソン比 ･･････････････ 82
補強材 ･････････････････ 225
補強部材 ･･･････････････ 223
補強部品の追加 ･･････････ 196
ホスト ･･････････････････ 8
保存ファイル名 ･･･････････ 48
保存フォルダ ･････････････ 120

■ま行

ま マウス操作 ･････････････ 40
摩擦の影響 ･･･････････ 164
み ミーゼス応力 ･･･････ 103,108
め メッシュ ･････････････ 8,68
メッシュ・モデル ･････････ 42
メッシュ更新 ･･･････････ 33
メッシュ作成 ･･････････ 31
メッシュの粗密 ･･･････ 196

メニューバー ･･････････････ 36
面対面 ･･･････････ 136,156
も ものづくり ･･････････ 164

■や行

や ヤング係数 ･･････････････ 82
ゆ 有限要素法 ･･････････ 8,214
よ 要素数 ･･････････････ 220

■ら行

ら ライセンス ･･････････ 118
る 類似形状 ･････････････ 223
れ 例題解説動画（YouTube）･･･29
ろ ログパネル ･･････････････ 36
論理プロセッサ数 ･･･････ 100

■わ行

わ 歪度 ･････････････････ 61

アルファベット順

■A
AMS5862 ･･･････････････ 50
Animating results ･･････ 240
AssemblyDataSet.zip ･･･ 165
Automatic ･･････････････ 86

■B
BCs ･････････････････ 54,83
BearingBracket.pmx ･･･ 252
bracket.unv ･･････････････ 38
Bracket_2.STL ･･････････ 74
bracket_c.STL ･････････ 197
bracket_d.STL ･････････ 197

■C
CAE ･････････････････ 8

CalculiX ･･････････････ 9
CalculiX
　keywords editor ･･････ 106
CalculiX-extras ････････ 10
ccx ･･･････････････････ 9
CCX ･････････････････ 151
cgx ･･････････････････ 9
Circle ････････････････ 253
Color spectrum type ･･ 265
Cool-warm ･･･････････ 265
Copy geometry to results 190
Create Constraint ･････ 258
Create Mesh ･･･････ 80,170
Create
　Reference Points ･････ 255
CrunchiX
　ユーザーマニュアル ･･･ 108

■D
Deformation
　scale factor ･･････････ 86
Degree of freedom 144,208
Distance ･････････････ 169
Downloads ･････････････ 13

■E
Edit CalculiX keywords 155
Elastic ･････････････ 50,138
Element sets ･･････････ 178
Exodus形式 ･･･････････ 10

■F
Face angle ･･･････ 45,174
FEM Features ･･････････ 12
FRDファイル ･･････････ 10
FreeCAD ･･････ 15,20,77

索　引

FreeCADの対応ファイル形式 …22

■G

GPGPU技術 ……………………24

■H

handle.unv ………………… 244

■I

inp ………………………………68
INP形式 …………………… 176
INPファイル
　　…… 9,10,90,106,155
Installation………………………13

■L

Lhaplus ………………………15

■M

Master ……………………… 180
Matej Borovinsek …………11
Max element size ………71
Meshing parameteres
　　……… 169,199
Microsoft .
　　NET Framework ………17
Min element size …………71
Models ………………………28
modify……………………… 225
Monitor ………………………59
MPC ……………… 244,251
Multi Point Constraint… 244

■N

NetGen ………………………28
Node set …………………44
Number of processors… 100

■O

OpenCAEフォルダ…………26
OptiMax ………………………11

■P

ParaView ………………………10
Part color ……………… 192
piston.stl …………………79
piston.stp …………………77
Plate_with_hole.stl ………69
plateAndCube.inp …… 126
Poisson's ratio …………50
PrePoMax ……………… 8
PrePoMax v0.4.6.zip … 122

■R

Rainbo ……………………… 265
Reference points ……… 246
Regenerate
　　for remeshing …… 214
Regenerate
　　using other files …… 223
Result……………………………60
Rigid body ……………… 180
Rigid Constraint ……… 244

■S

S235鋼 ……………………95
Second order ………… 170
Show model adge …… 127
Slave ……………………… 180
STEPファイル …………76
STEP形式 …………………15
stl ………………………………68
STL Mesh …………………78
STL形式……… 15,86,176

Surface traction … 56,183
Surfaces ……………………47
TensileSample.inp ………91
Tie ……………………… 180

■U

UNV形式 …………………38
urv ………………………………68
User defined ………………86
User Features ………………13

■V

Video Tutorials…………………13

■W

Windows 10 …………………14

■Y

Young's modul ……………50

■Z

ZIP解凍 ………………………14

記号・数字

■記号

*.inp………………………………38
*.stl ……………………………38
*.unv ……………………………38
*.vol……………………………38

■数字

2次要素 …………… 170,221
3Dプリンタ ……………… 196
3次元モデル ………………38

271

■著者略歴

柴田　良一（しばた・りょういち）

1966 年	愛知県生まれ
1994 年	国立豊橋技術科学大学大学院　博士後期課程システム情報工学専攻　終了
1994 年	岐阜工業高等専門学校　建築学科　助手
2007 年〜	岐阜工業高等専門学校　建築学科　准教授
2008 年	豊橋技術科学大学　建設工学系　准教授
2011 年〜	岐阜工業高等専門学校　建築学科　教授

　建設系機械系を含めた広いものづくりにおける構造解析や破壊解析、流体解析、さらにこれらの連成解析を研究分野として、並列処理やクラウドの基盤構築技術の研究も進めている。

　またアプリケーションとして、オープン CAE 活用展開に向けた DEXCS プロジェクトを展開し、オープン CAE 学会や CAE 懇談会などで講演や講習の活動を進めている。

オープン CAE 学会理事、前オープン CAE 学会会長、博士（工学）

[主な著書]

Structure Synth で描く 3D-CG アート
オープン CAE「Salome-Meca」構造解析
オープン CAE「Salome-Meca」構造解析 ー「固有値」「熱伝導」解析編
オープン CAE「Salome-Meca」構造解析 ー「弾塑性」「接触」解析編
はじめてのオープン CAE（共著）
はじめての Windows HPC システム　　　　　　　　（以上、工学社）

質問に関して

本書の内容に関するご質問は、

①返信用の切手を同封した手紙
②往復はがき
③ FAX(03)5269-6031
　(ご自宅の FAX 番号を明記してください)
④ E-mail　editors@kohgakusha.co.jp

のいずれかで、工学社編集部宛にお願いします。電話によるお問い合わせはご遠慮ください。

●サポートページは下記にあります。
【工学社サイト】http://www.kohgakusha.co.jp/

I/O BOOKS

「PrePoMax」ではじめる実践構造解析

2018 年 9 月 25 日　初版発行　ⓒ 2018		著　者	柴田　良一
		発行人	星　正明
		発行所	株式会社工学社
			〒 160-0004
			東京都新宿区四谷 4-28-20 2F
		電話	(03)5269-2041(代) [営業]
			(03)5269-6041(代) [編集]
		振替口座	00150-6-22510

※定価はカバーに表示してあります。

[印刷] 図書印刷 (株)　　　　　　　　　　　　　　　ISBN978-4-7775-2062-6